W0370380

I Saggi 427

Margherita Hack

Il mio infinito

Dio, la vita e l'universo nelle riflessioni di una scienziata atea

Dalai *editore*

www.bcdeditore.it e-mail: info@bcdeditore.it

© 2011 Baldini Castoldi Dalai *editore* S.p.A. - Milano
ISBN 978-88-6073-678-9

INDICE

INTRODUZIONE

Forse fu quando quell'essere intermedio fra la scimmia e l'uomo assunse l'andatura eretta, circa cinque o sei milioni di anni fa, che alzò gli occhi al cielo e si accorse delle stelle. Non c'era più soltanto il sole che lo illuminava e riscaldava, o la mutevole luna che rischiarava le lunghe notti invernali. La cupola che avvolgeva il suo mondo era costellata di innumerevoli puntini luminosi, la cui funzione non era comprensibile.

È da quell'epoca remota che in embrione comincia l'avventura umana di capire l'universo che ci accoglie. Oggi, che abbiamo cominciato a esplorare l'infinitamente grande e l'infinitamente piccolo, e sappiamo quanto meno cosa sono quei puntini luminosi che stupirono i nostri antenati, nessuno può negare uno smarrimento ancestrale di fronte alla volta stellata. Probabilmente la scienza non riuscirà mai a far luce piena su quello smarrimento, che appartiene al territorio irriducibile del mistero dell'esistenza. Né vuole provarci questo libro, che ha invece uno scopo più concreto: raccontare brevemente come si è evoluta la nostra capacità di leggere il cielo, scoprendo, all'aumentare e raffinarsi delle conoscenze, quali nuove domande sono emerse e quali vecchie risposte sono entrate in crisi, ampliando sempre di più le frontiere dell'infinito.

Ma torniamo agli albori della storia dell'uomo. Gli ominidi, a differenza delle scimmie antropomorfe, di cui si conoscono tracce risalenti a quattordici milioni di anni fa, erano perfetti bipedi, come noi; lo provano le impronte dei loro piedi rimaste impresse nelle ceneri vulcaniche in Tanzania.

Il passaggio dalla locomozione a quattro zampe a quella eretta ha avuto importanti conseguenze sull'evoluzione. In particolare si liberano le braccia e le mani, che possono essere impiegate per vari altri scopi, fra cui la costruzione dei primi rudimentali utensili che si accompagna a un'evoluzione del cervello, che aumenta di volume. Il più antico utensile trovato risale a un'epoca situata fra circa due milioni e trecentomila e due milioni di anni fa in una regione dell'Africa orientale, nella valle del fiume Olduvai. Sono i ritrovamenti di utensili che ci permettono di stabilire il passaggio dagli ominidi alla fase evolutiva dell'*Homo habilis,* la cui capacità cranica era compresa fra 650 e 750 ml.

Sempre dall'Africa orientale, intorno al milione e mezzo di anni fa parte l'avventura dell'*Homo erectus*, successore dell'*Habilis*, che inventa tecniche di lavorazione dei ciottoli per produrre utensili più perfezionati e comincia a trasmettere le sue esperienze, vivendo in una struttura sociale più complessa, il che lo porta a sviluppare un linguaggio primordiale. La sua capacità cranica è compresa fra 1100 e 1200 ml. Questi vantaggi rispetto ai predecessori lo spingono a esplorare nuove terre, comincia così una colonizzazione durata fino a centomila anni fa che ha portato l'*Homo erectus* a diffondersi in Africa, Asia ed Europa. In quest'ultima in particolare in varie località francesi, alcune in Germania, Spagna, Ungheria, Gran Bretagna, Azerbaijan, Grecia, e in Italia a Visogliano presso Trieste e nella Grotta del Principe che fa parte delle Grotte dei Grimaldi a Ventimiglia. I reperti trovati in quest'ultima risalgono a centocinquantamila anni fa.

A circa 400.000 anni fa risale la scoperta casuale del fuoco, probabilmente quello causato dai fulmini. Fu dapprima causa di terrore, ma si capì presto la sua utilità per riscaldarsi, per rendere più commestibile la carne degli animali uccisi, e si imparò a conservarlo e poi anche a produrlo a volontà.

Paragonata con il tempo impiegato dalla vita a sorgere e differenziarsi sulla Terra attraverso le ere (vedi Tabella 1), la diffusione della specie umana, esplosa con la comparsa dell'*Homo sapiens sapiens*, è stata immensamente più veloce. Nel paleolitico superiore, fra circa 40.000 e 10.000 anni fa, la popolazione mondiale stimata di *Sapiens* era di 4 o 5 milioni. Dall'Eurasia e dall'Africa si diffonde nella Nuova Guinea, in Australia e nell'Oceania, che durante le fasi glaciali del Pleistocene (il più antico periodo dell'era quaternaria, compresa fra 1,8 milioni e 10.000 anni fa) formavano un solo continente. Sempre circa alla stessa epoca, 30.000 anni fa, tracce di esseri umani sono state trovate anche nell'America del nord, dove sono arrivati attraverso lo stretto di Bering; e 19.000 anni fa tutto il continente nordamericano era già popolato dai nostri antenati.

TABELLA 1

Le ere geologiche

Precambriano: fra 4,8 miliardi e 570 milioni di anni fa, suddiviso in:
– *Prezoico* (formazione della crosta terrestre)
Archeozoico (3,8 miliardi di anni fa, primi fossili di batteri, organismi monocellulari procarioti)
– *Cianozoico* (2,5 miliardi di anni fa, comparsa di cianobatteri)
– *Proterozoico* (1,6 miliardi di anni fa, era dei primi eucarioti)
Paleozoico (fra 600 e 300 milioni di anni fa): si assiste a una fioritura di moltissime forme di vita negli oceani, dove l'acqua fungeva da filtro per la mortale radiazione ultravioletta solare. Le alghe producono la fotosintesi che dà luogo a un'atmosfera via via più ricca di ossigeno e infine la formazione della ozonosfera, formata da molecole di ozono (3 atomi di ossigeno) fortemente assorbente la radiazione ultravioletta, che consente agli esseri viventi di uscire dagli oceani. Alla fine dell'era paleozoica i continenti formano un unico blocco di terre emerse detto «Pangea». La vita è sotto forma di grandi gruppi di invertebrati e grandi foreste di felci i cui resti formeranno immensi depositi di carbon fossile. Circa 400 milioni di anni fa, appaiono i primi vertebrati. Dai pesci si evolvono gli anfibi, poi i rettili. Fanno la loro comparsa i primi insetti dotati di ali.

Mesozoico (compreso fra i 250 e i 140 milioni di anni fa): tra la fine del Paleozoico e l'inizio del Mesozoico il clima diventa più freddo, si estinguono le specie marine, mentre la terraferma si popola di gimnosperme. La «Pangea» si divide in due grandi supercontinenti separati da un piccolo oceano detto Tetide a nord la Laurasia e a sud la Gondwana. Tra la fine dell'era mesozoica e l'inizio del Cenozoico, i due blocchi si frantumano ancora, si forma l'oceano Atlantico e i continenti acquistano una fisionomia simile a quella attuale. Fra 250 e 210 milioni di anni fa, nel periodo detto Giurassico, appaiono dinosauri, rettili volanti, poi i primi mammiferi e gli uccelli. Fra 150 e 65 milioni di anni fa, nel Cretaceo, l'ultimo periodo dell'era mesozoica, si estinguono i rettili giganti come i dinosauri, la cui fine è attribuita alla caduta di un piccolo asteroide sulla Terra, mentre i mammiferi si diffondono e si diversificano.
Cenozoico terziario (da circa 65 a 2 milioni di anni fa): i mammiferi sono diffusi ovunque, sono più adatti alla sopravvivenza dei rettili per la loro capacità di regolare la propria temperatura interna e quindi adattarsi al freddo e al caldo. Compaiono i primati e circa 5 milioni di anni fa i nostri più stretti parenti.
Cenozoico quaternario (da 1,8 milioni a 10.000 anni fa): compare il genere *Homo*, che con la specie *Sapiens* raggiunge il successo evolutivo.

Da allora l'interesse, la curiosità e anche il terrore per i fenomeni celesti è andato crescendo in tutti i popoli della Terra. Il cielo è diventato il primo libro di testo per le forme di proto-scienza, che allora coincidevano con la religione. Ogni popolo l'ha interpretato in modo diverso, ma quasi tutti hanno imparato a leggervi il trascorrere del tempo, hanno scoperto la ripetibilità degli eventi stagionali e quindi hanno acquisito la capacità di prevedere come affrontare il gelo invernale, le epoche migliori per sfruttare le riserve naturali di cibo, vegetale e animale; quasi tutti hanno associato i tanti misteri della Terra e del cielo alle più svariate divinità di cui gli uomini stessi hanno popolato quell'intangibile volta celeste.

Le nostre conoscenze su epoche anteriori a circa 5000 anni fa erano basate esclusivamente sul ritrovamento di oggetti, o resti di scheletri umani o di animali. Il passaggio dalla preistoria alla storia è contrassegnato dall'invenzione della scrittura, avvenuta forse in Mesopotamia (nella regione comprendente l'attuale Iraq) ad opera dei Sumeri o forse ancora prima in Egitto, dove, in una necropoli a 400 km dal Cairo sono state trovate numerose tavolette con iscrizioni risalenti al 3500 a.C., cioè addirittura a 5500 anni fa. Con la scrittura nasce anche la matematica; per esempio cinque tacche con accanto il disegno di una spiga di grano possono indicare cinque covoni di grano. I sistemi di numerazione sono generalmente già del tipo decimale; infatti il più antico modo di contare, e ancora oggi il più immediato è «contare sulle dita». In qualche caso si trovano sistemi basati sul cinque o sul venti, come nei Maya, utilizzanti evidentemente anche le dita dei piedi.

Le più antiche prove concrete dell'interesse dell'uomo per il cielo risalgono al passaggio dalla vita nomade a una civiltà agricola, con la nascita di comunità stabili e villaggi, anche se probabilmente i popoli nomadi, durante i loro lunghi spostamenti, avevano imparato ad orientarsi con le stelle, e forse avevano scoperto la stella polare che indicava il nord e che 4800 anni fa, a causa della precessione degli equinozi, si trovava nella costellazione del Dragone: una stella di nome Thuban, quasi cinque volte più debole dell'attuale polare, Alfa dell'Orsa Minore, ma comunque ben visibile a occhio nudo.

Potremmo dire che l'astronomia, la capacità di leggere le regolarità nei fenomeni celesti, si sviluppa in quella fase epocale della storia umana. La testimonianza più forte dell'importanza che, in quelle società ancestrali, rivestiva il cielo e gli astri, ci è data dai siti megalitici, spesso costruiti con sorprendenti allineamenti astronomici e usati con funzioni religiose o funerarie. C'era un legame profondo fra il cielo e la morte, come testimoniano le onnipresenti associazioni fra disposizione delle tombe e il verificarsi di particolari posizioni di stelle o del sole a una data epoca. Forse il più famoso dei monumenti preistorici collegabili all'osservazione del cielo è Stonehenge, che per almeno 500 anni fu un comune fossato in cui erano state costruite delle strutture di legno, e poi verso il 2500 a.C. fu trasformato nel monumento in pietra che conosciamo oggi, orientato sulla posizione del sole ai solstizi. Un altro interessante monumento è Newgrange, in Irlanda, dove un'apertura sul tetto sopra l'ingresso permetteva alla luce del sole di entrare nella tomba per pochi minuti dopo l'alba nei giorni intorno al solstizio d'inverno e di percorrere un corridoio lungo 19 metri arrivando a illuminare il corpo dei defunti.

Se le piramidi egiziane e i numerosi resti di costruzioni europee (penso ai tanti siti di dolmen, precedenti le piramidi ma accomunati dal fatto di considerare il cielo come un ponte verso l'Aldilà) sembrano dedicate soprattutto a ospitare i defunti, altri popoli avevano sviluppato un'astronomia per scopi pratici. Per esempio i navigatori polinesiani avevano congegnato una mappa del cielo basata sull'allineamento di 36 configurazioni (naturalmente diverse dalle nostre costellazioni, che abbiamo ereditato dalle culture mediterranee) che gli serviva da bussola per trovare le tante sparpagliate isole che costituivano il loro continente.

Le antiche popolazioni attribuivano a diverse divinità i vari e inspiegabili fenomeni naturali, e le principali attività che caratterizzavano la loro vita, come ad esempio il tempo del raccolto, erano associate a feste e cerimonie religiose. Da qui deriva la necessità di stabilire con precisione le date per rispettare rigidi rituali magici. Nasce così la classe degli officianti, dei sacerdoti, che per obbedire alla volontà degli dèi devono stabilire un calendario, per accordare le attività e i riti delle loro tribù agli orologi della natura e del cielo. Quale miglior modo di misurare lo scorrere del tempo che l'alternarsi del giorno e della notte, dell'osservare le fasi lunari e il ripetersi della stessa posizione in cielo di alcune stelle o configurazioni di stelle, legato alla posizione in cui sorge o tramonta il sole, o alla sua altezza sull'orizzonte. La necessità di stabilire un calendario stimola la nascita di una élite di osservatori del cielo, che coincide quasi sempre con la casta sacerdotale, che acquista crescente potere e importanza, in quanto mediatori fra le azioni dei comuni mortali e la volontà degli dèi.

ANTICHI MITI SULL'ORIGINE DEL MONDO

Tutti i popoli in tutte le epoche si sono interrogati sull'origine del mondo; si può dire che i miti cosmogonici siano la base della cultura primordiale dell'umanità.

La maggior parte dei miti e delle credenze di cui si nutrivano le culture più arcaiche, assumevano un singolo creatore, un essere supremo, creatore e principio di ordine del mondo, dalla cui volontà dipende l'accadere di ogni cosa. Il primo a notare la ricorrenza di simili esseri supremi in molti popoli primitivi fu l'antropologo scozzese Andrew Lang (1844-1912). Sui suoi studi si rifece il prete antropologo Wilhelm Matthaus Schmidt (1868-1954) che sosteneva un monoteismo primitivo da cui, per degenerazione, nei secoli si sarebbero sviluppate varie forme politeistiche. Sebbene la sua teoria è oggi superata, è impressionante comunque la mole di dati antropologici raccolti in numerose culture diffuse su tutto il globo, sia africane che giapponesi, sia degli indiani d'America e sudamericani, che degli aborigeni australiani, accomunate spesso da sorprendenti analogie.

Più o meno per tutte le culture – da quelle primitive alle tre grandi religioni monoteiste – l'essere supremo ha alcune caratteristiche comuni:

a) è pieno di saggezza e di potenza. Il mondo è frutto della sua saggezza e vive grazie alla sua potenza.
b) Prima della creazione esisteva solo l'essere supremo. Perciò non ci può essere nessuna spiegazione della sua esistenza.
c) Il modo in cui avviene la creazione è pianificato e ordinato e non basato su tentativi.
d) La creazione del mondo è allo stesso tempo espressione della libertà e dello scopo della divinità.
e) In alcuni miti il creatore scompare dal mondo che ha creato e vi riappare solo quando una catastrofe minaccia l'ordine creato.
f) Infine il creatore ha quasi sempre la sua dimora in cielo, da cui il religioso simbolismo che il cielo ha sempre avuto e che è ancora strettamente presente nel nostro linguaggio: («ha rivolto gli occhi al cielo», «se n'è tornato in cielo», «lo voglia il cielo»).

Non dimentichiamo il fatto che nell'immaginazione e nell'immaginario visivo il cielo è sempre stato ed è ancora oggi visto come sede del paradiso. Pensiamo ai pittori rinascimentali che raffiguravano il dio onnipotente seduto fra gli angeli e su un trono poggiato sulle nuvole. Oppure, venendo a un'iconografia più contemporanea e cinematografica, alle anime che ascendono al cielo in fasci di luce.

In molte culture il creatore aspira a creare un mondo perfetto – il paradiso terrestre, l'eden – ma uno sbaglio delle sue creature ostacola questo progetto. Non è esclusiva della Genesi l'idea del peccato originale, Eva che assaggia il frutto della conoscenza, che ne causa la cacciata dal paradiso, e perciò rappresentata quasi sempre in modo negativo, come colei che ha ceduto alle lusinghe del serpente, cioè al male della conoscenza e ha traviato anche il suo compagno.

Invece io credo che Eva debba essere vista come il simbolo di quella curiosità tipica della razza umana, che vuol usare la ragione per scoprire le leggi che regolano il mondo e che non accetta solo le verità rivelate dall'alto, quella curiosità insaziabile che ci ha spinti a penetrare nelle parti più piccole del mondo e ad arrivare fino alle distanze enormi del cosmo, quella fame di sapere che ha trasformato l'uomo delle caverne nell'astronauta che ha toccato il suolo lunare.

Un'altra serie di miti, invece di credere a un essere supremo, immagina che la creazione sia una proprietà della Terra. La Terra è immaginata come un utero, da cui l'ordine emerge gradualmente in stadi successivi, come le creature che si sviluppano da embrioni a esseri maturi. E qui si può trovare un'analogia con la cosmologia moderna, che non pone al centro della Creazione la Terra ma la materia nel suo stato più elementare e caotico: all'origine delle stelle, dei pianeti, della vita c'è una zuppa di particelle elementari. È questo il risultato non di miti immaginari ma di rigorose osservazioni astrofisiche, come avremo modo di vedere più avanti.

In altri miti si fa l'analogia coi semi da cui nascono le piante, ma comunque si fa sempre riferimento alla potenza immanente della Terra da cui emergono tutte le forme di vita.

Secondo altre credenze il mondo è stato creato dal padre – il Cielo – e la madre – la Terra. Prima c'è il caos, poi si forma il Cielo e la Terra e poi avviene la creazione. Fra questi miti vanno annoverate le credenze di alcuni popoli mesoamericani secondo cui parecchi mondi sono stati successivamente creati e poi distrutti prima che nascesse l'universo presente. Questo mito richiama l'idea moderna che ci possano essere altri universi, infiniti universi, oltre al nostro: è l'idea del «multiverso». Idea e non certo teoria e nemmeno ipotesi in quanto non verificabile con osservazioni o esperimenti, ma di certo idea molto suggestiva, visto il seguito che ha avuto nella letteratura e nel cinema di fantascienza.

Un'altra serie di miti immagina che la creazione avvenga dall'uovo cosmico; secondo alcuni l'uovo contiene due embrioni, maschio e femmina, da cui nascerebbe l'essere perfetto, l'androgino; per altri l'uovo è il germe della creazione. Nell'antica Cina il mondo-uovo rappresenterebbe il caos primordiale da cui sono emersi il Cielo e la Terra. Cielo e Terra erano abitati ugualmente da uomini e dèi; poi il cielo si divise dalla Terra e gli dèi dagli uomini. Il cielo era tenuto in alto da quattro colonne ai quattro angoli del mondo. Il dio Chu-Ying ha faccia umana e corpo di serpente rosso: ed è lui che governa sia lo scorrere del tempo che il tempo meteorologico. Quando chiude gli occhi scende la notte, quando li apre torna il giorno, mentre estati e inverni dipendono dalla forza del suo respiro.

L'idea dell'uovo cosmico fu ripresa nel Novecento dall'abate George Lemaitre (1894-1966) dopo la scoperta dell'espansione dell'universo, prevista teoricamente da

Wilhem de Sitter (1872-1934) come conseguenza della teoria della relatività di Einstein. Secondo Lemaitre l'universo sarebbe cominciato da una esplosione cataclismica (che poi Fred Hoyle chiamò ironicamente il Big Bang) originatasi da un piccolo superatomo o uovo primordiale.

Se ci sorprende l'inventiva dei miti antichi sui modi in cui sarebbe avvenuta la creazione, altrettanto possiamo dire per come quelle cosmogonie immaginano la materia primordiale della creazione. Per molti essa è indifferenziata – acqua, o caos, o un uovo.

Secondo alcuni miti il caos non è passivo ma si oppone alla creazione, da cui seguono periodi ciclici in cui il mondo ritorna allo stato caotico e poi rinasce di nuovo; un'idea che riemerge attraverso i secoli in una delle soluzioni matematiche di de Sitter: l'universo oscillante, che passa attraversi una serie di Big Bang, seguiti da una fase di espansione e poi una successiva fase di contrazione.

Da tutti questi esempi emerge un aspetto interessante che accomuna molti di questi miti, cioè che spesso gli antichi popoli avevano immaginato fenomeni che la scienza moderna ha confermato o suggerito come possibili. Fra tutti il più sorprendente è quello della materia primordiale che precede la creazione, indifferenziata come la zuppa di particelle elementari da cui si sono formate le galassie, le stelle coi loro pianeti, e su questi se ci sono le condizioni adatte si sarà originata ed evoluta la vita come è avvenuto sulla Terra e come le moderne osservazioni scientifiche ci hanno dimostrato negli ultimi due secoli.

Genesi

Per concludere questa rassegna fra i miti cosmogonici non va certo dimenticato quello che è all'origine delle religioni ebraico-cristiane, la Genesi.

Nel principio DIO creò i cieli e la terra.
La terra era informe e vuota e le tenebre coprivano la faccia dell'abisso; e lo Spirito di DIO aleggiava sulla superficie delle acque.
Poi DIO disse: «Sia la luce!». E la luce fu.
E DIO vide che la luce era buona; e DIO separò la luce dalle tenebre.
E DIO chiamò la luce «giorno» e chiamò le tenebre «notte». Così fu sera. Poi fu mattina: il primo giorno.
Poi DIO disse: Vi sia un firmamento tra le acque che separi le acque dalle acque.
E DIO fece il firmamento e separò le acque che erano sotto il firmamento dalle acque che erano sopra il firmamento. E così fu.
E DIO chiamò il firmamento «cielo». Così fu sera, poi fu mattina: il secondo giorno.
Poi DIO disse: le acque che sono sotto il cielo siano raccolte in un unico luogo, e appaia l'asciutto. E così fu.
E DIO chiamò l'asciutto «terra», e chiamò la raccolta delle acque «mari». E DIO vide che questo era buono.
Poi DIO disse: Faccia la terra germogliare la verdura, le erbe che facciano seme e gli alberi da frutto che portino sulla terra un frutto contenente il proprio seme, ciascuno secondo la propria specie. E così fu.
E la terra produsse verdura, erbe che facevano seme secondo la loro specie e alberi che portavano frutto contenente il

proprio seme, ciascuno secondo la propria specie. E DIO vide che questo era buono.
Così fu sera, poi fu mattina: il terzo giorno.
Poi DIO disse: Vi siano dei luminari nel firmamento dei cieli per separare il giorno dalla notte; e siano per segni e per stagioni e per giorni e per anni; e servano da luminari nel firmamento dei cieli per far luce sulla terra. E così fu.
DIO fece quindi i due grandi luminari: il luminare maggiore per il governo del giorno e il luminare minore per il governo della notte; e fece pure le stelle.
E DIO li mise nel firmamento dei cieli per far luce sulla terra. Per governare il giorno e la notte, e separare la luce dalle tenebre. E DIO vide che questo era buono.
Così fu sera, e fu mattina: il quarto giorno.
Poi DIO disse: Brulichino le acque di moltitudini di esseri viventi, e volino gli uccelli sopra la terra per l'ampio firmamento del cielo.
Così DIO creò i grandi animali acquatici e tutti gli esseri viventi che si muovono, di cui brulicano le acque, ciascuno secondo la propria specie, ed ogni volatile secondo la sua specie. E DIO vide che questo era buono.
E DIO li benedisse dicendo: Siate fruttiferi, moltiplicate e riempite le acque dei mari, e gli uccelli si moltiplichino sulla terra.
Così fu sera, poi fu mattina: il quinto giorno.
Poi DIO disse: Produca la terra esseri viventi secondo la loro specie: bestiame, rettili e fiere della terra, secondo la loro specie. E così fu.
E DIO fece le fiere della terra secondo la loro specie, il bestiame secondo la propria specie, e tutti i rettili della terra

secondo la loro specie. E DIO vide che questo era buono.
Poi DIO disse: Facciamo l'uomo a nostra immagine e a nostra somiglianza, ed abbia dominio sui pesci del mare, sugli uccelli del cielo, sul bestiame e su tutta la terra, e su tutti i rettili che strisciano sulla terra.
Così DIO creò l'uomo a sua immagine; lo creò a immagine di DIO; li creò maschio e femmina.
E DIO li benedisse e DIO disse loro Siate fruttiferi e moltiplicatevi, riempite la terra e soggiogatela, e dominate sui pesci del mare, sugli uccelli del cielo e sopra ogni essere vivente che si muove sulla terra.
E DIO disse: Ecco io vi do ogni erba che fa seme sulla superficie di tutta la terra e ogni albero che abbia frutti portatori di seme; questo vi servirà di nutrimento.
E a ogni animale della terra, a ogni uccello dei cieli e a tutto ciò che si muove sulla terra ed ha in sé un soffio di vita, io do ogni erba verde per nutrimento. E così fu.
Allora DIO vide tutto ciò che aveva fatto, ed ecco, era molto buono. Così fu sera poi fu mattina: il sesto giorno.

Il settimo Dio si riposò, e così nacque la domenica, il riposo settimanale, stabilito dalla Bibbia o, più probabilmente, dalle fasi lunari, che con la settimana davano una naturale suddivisione del tempo, intermedia fra l'alternarsi del giorno e la notte, dovuto alla rotazione della Terra attorno al proprio asse, e l'anno individuato da due successivi ritorni del Sole nella stessa posizione fra le stelle.

SOTTO CIELI POPOLATI DI DÈI NASCONO SCIENZIATI GEOMETRI

Quell'umanità greco-romana che è alla radice della nostra cultura europea, viveva a stretto contatto con tutta una serie di dèi e dee preposti a spiegare fenomeni e sentimenti della vita quotidiana. Li incontriamo nell'*Odissea*, nell'*Iliade*, nell'*Eneide*. Per Pitagora (575-495 circa a.C.) i corpi celesti erano dèi, per Platone (427-347 a.C.) le stelle erano divinità visibili, in cui il supremo Essere eterno aveva insufflato la vita.

Eppure malgrado questa folla di divinità, che presiedevano ai fenomeni creduti soprannaturali e popolavano la vita degli antichi greci e romani, nascevano spiriti liberi, oggi diremmo laici, che proponevano una visione del mondo scevra da influenze religiose, in qualche modo «scientifica» ante litteram. Per esempio Anassagora (496-428 a.C.), a buon titolo ritenuto un fisico dell'antichità, dichiarava che il Sole è una massa infocata e la Luna una specie di Terra, affermazioni scioccanti per Platone, che gli costarono l'esilio da Atene, ma oggi sappiamo quanto quelle intuizioni erano vicine alla realtà! Un altro grande filosofo, Epicuro (341-270 a.C.) affermava: «Finché permanga timore delle cose dei cieli e dell'Ade e di ciò che avvenga nell'infinito, non giova essersi procurata sicurtà fra gli uomini». Epicuro, meglio noto al grande pubblico per le sue tesi etiche, fu anche un prolifico scienziato: suo è il principio di metodo per cui le formulazioni teoriche sulla natura non devono essere prive di riscontro oggettivo, e tale riscontro deriva dall'esperienza e dall'osservazione, un principio quanto mai simile al cardine del pensiero scientifico moderno che si fa risalire a Galileo. Egli afferma che le più grandi paure dell'uomo sono quella degli dèi e quella della morte. Comunque il sapere filosofico e scientifico è molto efficiente nel vincere la paura degli dèi (un pensiero straordinariamente moderno) e può anche lenire la paura della morte. In quanto a quest'ultima è celebre il pensiero di Epicuro: «La morte non è niente per noi; finché noi esistiamo la morte non è con noi, ma quando viene la morte, allora noi non esistiamo più». Un grande estimatore di Epicuro è stato il poeta latino Tito Lucrezio Caro (I secolo a.C.) autore del poema *De rerum natura*. Nel libro I scrive:

> Tempo già fu che tristemente in terra / languia la vita de' mortali, oppressa / da religiosi orror; dall'alto cielo / sugli uomini incombea, con minaccioso / volto, de' numi il pauroso inganno; / allor che primo un uom di greca stirpe / gli occhi mortali sollevar contr'esso / osò, fissarlo osò. Né l'ampia fama / del divin poter, né la scagliata / folgore, o il cupo mormorar del cielo, / valse a domarlo, ma di più vivace / impeto in cor gli suscitò la brama / d'infranger, primo, le sbarrate porte / del ciel, drizzando all'universo il volo./ E sua viva virtù vinse; l'estremo / lembo dei mondi. E l'etere fiammante, / e la profonda immensità del tutto, /

con l'ala aperta del pensier trascorse;/ e vittorioso a noi recò la luce / del novello saper; quali nel mondo / forme di vita nascano, e di quali/ non sia concesso il nascere, qual sia / d'ogni cosa creata il fine, e quale / l'irremovibil termine che ad esse / ed al loro poter natura pose. / Onde a sua volta sotto il piè prostrata / della conquisa conoscenza umana / religion si giace, e la vittoria / or l'uomo esalta al culmine dei cieli.*

Lucrezio si riferisce appunto a Epicuro che aveva adottato la filosofia di Democrito (460-370 a.C.) secondo cui l'*atomo* è l'elemento fondamentale della materia, indistruttibile, invisibile ma non per questo meno reale; oltre agli atomi esiste il vuoto in cui essi si muovono. L'infinita varietà di ciò che esiste è dovuta alle caratteristiche dei diversi atomi e alle molteplici combinazioni del loro aggregarsi. Oggi la chimica ci insegna che tutto ciò che esiste è composto delle varie specie di atomi (i 92 elementi presenti in natura nelle loro varie forme isotopiche) aggregantisi a formare le più innumerevoli e svariate molecole. L'elemento più leggero e più diffuso in natura è l'idrogeno, il cui nucleo è costituito da un protone, e questo non è stato mai visto decadere – si pensa che la sua vita media sia addirittura paragonabile all'età dell'universo; sarebbe veramente l'elemento fondamentale indistruttibile ipotizzato da Democrito e da Epicuro?

---

* Traduzione di Camillo Giussani, Arnoldo Mondadori, Milano 1949, libro primo, versi 62-79.

Quanto straordinarie fossero queste intuizioni lo si può meglio apprezzare confrontandole con le idee precedenti di Anassagora (496-428 a.C.), secondo cui ogni cosa sarebbe fatta di *semi originari*, minuscoli elementi della stessa materia divisibili all'infinito, le ossa da microscopici frammenti di ossa, l'oro da briciole d'oro, il sangue da innumerevoli gocciole di sangue...

Già più vicine a Democrito ed Epicuro le idee di Empedocle (494-434 a.C.) secondo cui all'origine di tutto ci sono i quattro elementi: aria, acqua, terra e fuoco. Ancora Lucrezio in *De rerum natura* fa riferimento ai corpuscoli primordiali che costituiscono le cose, ma esprime il suo rifiuto delle innumerevoli superstizioni religiose e scrive:

> La terra invero è in eterno priva di senso / e poiché possiede i corpuscoli primordiali di molte cose, / in molti modi ne esprime molte nella luce del sole. / Qui, se alcuno vorrà chiamare Nettuno il mare, / e Cerere le messi, e preferirà usare il nome di Bacco / piuttosto che il vocabolo proprio dell'umore della vite / concediamogli anche di denominare la terra madre degli dèi / purché tuttavia nella veridica realtà eviti / di contaminare il suo animo con la turpe superstizione religiosa.*

Una domanda che ci poniamo ancora oggi riguarda l'universo: è finito o infinito, nel tempo e nello spazio, ha avuto un inizio e avrà una fine, ha un confine e se ce l'ha,

---

* A cura di Ivano Dionigi. Libro II, versetti 652-660, BUR-Rizzoli, Milano 1990.

cosa c'è fuori. A questa domanda Aristotele e Lucrezio hanno dato risposte opposte: per Aristotele l'universo è perfetto, tutto ciò che esiste al di là della Luna è addirittura fatto di materia diversa da quella terreste, da una materia che chiama etere, ed è necessariamente finito e sferico, perché sfera e circolo sono le figure geometriche perfette e non può esistere un cerchio di raggio infinito; inoltre lo spazio infinito non ha un centro mentre la Terra è il centro dell'universo. L'autorità di Aristotele divenne tale, nei secoli, che i suoi «dogmi» domineranno ancora più di milleottocento anni dopo.

Di parere completamente opposto era Lucrezio Caro; quasi cinque secoli dopo nel *De rerum natura* afferma che lo spazio è infinito, non c'è un punto centrale ed egualmente infinita è la materia.

Ma oltre a queste intuizioni e credenze filosofiche nasce una vera e propria scienza in senso moderno, grazie a cui si riesce a misurare il raggio della Terra e la distanza della Luna e del Sole applicando semplici leggi geometriche.

Eratostene (276-195 a.C.), direttore della famosa biblioteca di Alessandria d'Egitto, ideò un metodo ingegnoso per misurare il raggio della Terra. Già da qualche secolo ci si era resi conto della forma sferica della Terra, da parte dei seguaci di Pitagora (575-495 circa a.C.). Non sappiamo con precisione su quali argomenti si basavano, ma probabilmente sul fatto che l'ombra della Terra proiettata sulla Luna durante le eclissi di Luna è sempre circolare, che una barca all'orizzonte sparisce gradualmente dalla nostra vista, prima lo scafo, poi le vele, ultime le cime degli alberi più alti, e infine anche sul fatto riportato da Aristotele che facendo lunghi viaggi verso nord o verso sud cambiavano le costellazioni.

Eratostene sapeva che nella città di Siene, a sud di Alessandria, il sole a mezzogiorno si trova esattamente allo zenit il giorno del solstizio d'estate. Infatti in quel giorno e in quell'istante i raggi del Sole illuminano completamente il fondo di un pozzo e l'ombra di uno gnomone verticale scompare, perché essa è causata dall'angolo fra la direzione dei raggi del Sole e lo gnomone che è zero. A mezzogiorno di un solstizio d'estate ad Alessandria l'ombra di uno gnomone verticale formava un angolo con la direzione dei raggi solari di 1/50 di cerchio, secondo la misura fatta da Eratostene, cioè 7,2 gradi, che è anche la differenza in latitudine fra Siene e Alessandria. Ma questo angolo, espresso in radianti, è dato dalla distanza fra le due città – 5000 stadi* – diviso il raggio terrestre. Eratostene ne ricava la proporzione 5000: 1/50 = 2r : 1 e quindi la circonferenza 2r = 5000x50 = 250.000 stadi. Non sappiamo con esattezza a quanto equivaleva uno stadio, perché non sappiamo quale fosse la precisione della misura della distanza di Siene da Alessandria, ma si stima che il valore della circonferenza trovato da Eratostene sia 46.000 km in buon accordo col valore moderno di 40.075 km.

---

* Unità di misura di distanza usata dagli antichi greci nelle loro gare podistiche. Uno stadio oscillava fra i 150 e i 200 metri, equivalente grosso modo alla lunghezza della pista da corsa di Olimpia (192.27 metri). Poiché sul valore non c'è unanime accordo – nel sistema alessandrino equivarrebbe a 185 metri mentre quello egiziano sarebbe di 157 metri – ne segue che il calcolo della circonferenza della Terra oscillerebbe fra i 46.250 e i 39.250 km.

Aristarco di Samo
Ipparco

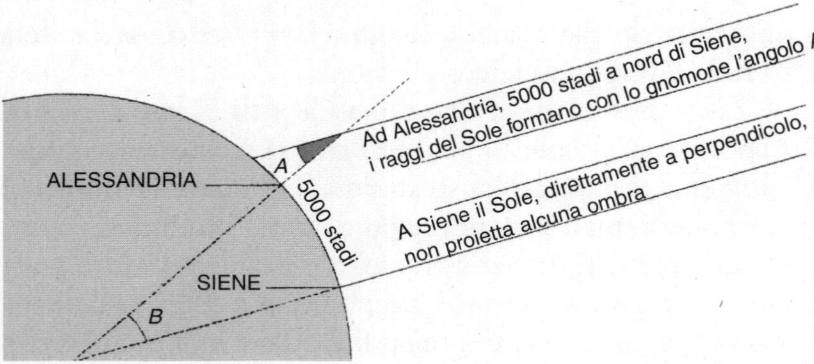

Figura 1. Misura del raggio terrestre. Eratostene misurò l'angolo A fra la verticale del luogo e la direzione dei raggi solari a mezzogiorno del solstizio d'estate da Alessandria d'Egitto. Esso è eguale all'angolo B fra la stessa verticale di Alessandria e la direzione dei raggi solari a mezzogiorno del solstizio d'estate visto da Siene, che coincide esattamente con la verticale del luogo perché a Siene a quell'istante il sole è visto esattamente allo zenit. B espresso in radianti è l'angolo sotto cui dal centro della Terra si vede l'arco di circonferenza *d* da Alessandria a Siene. B = d/R radianti, da cui, essendo noti *d* e B si ricava il raggio terrestre R. (Adattato da: Michael Hoskin, *Storia dell'astronomia di Cambridge*, Rizzoli, Milano 2001, p. 31)

Ad Eratostene si deve anche la misura dell'inclinazione dell'equatore sul piano dell'orbita, detto eclittica, ottenuta misurando la differenza fra l'altezza del Sole a mezzogiorno all'epoca del solstizio d'estate e a quella del solstizio d'inverno.

Aristarco di Samo (310-230 a.C.) cercò di misurare le distanze relative del Sole e della Luna, e descrive i suoi ingegnosi metodi nell'opera *Sulla grandezza e la distanza del Sole e della Luna*. Fu Ipparco (198-127 a.C.), invece, a compiere la misura della distanza della Luna, trovandola pari a 60 volte il raggio terrestre, un valore assai prossimo a quello reale. Si basò sulla misura delle dimensioni dell'ombra della Terra quando è traversata dalla Luna durante le eclissi di Luna. È intuitivo rendersi conto che il tempo impiegato dalla Luna a traversare il cono d'ombra della Terra sarà tanto più lungo quanto più vicino alla Terra è il nostro satellite. Conoscendo le dimensioni della Terra è possibile trovare la distanza della Luna grazie a semplici considerazioni sul triangolo Luna-Terra-Sole.

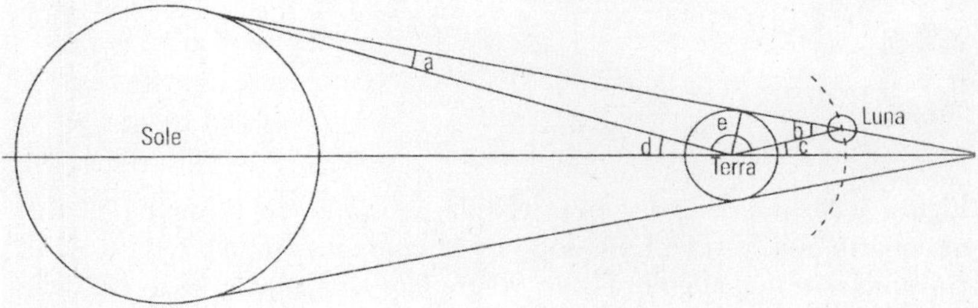

Figura 2. Misura della distanza della Luna secondo il metodo di Ipparco. Durante l'eclisse di Luna, che si ha quando la Luna diventa invisibile perché entra nel cono d'ombra della Terra, consideriamo il triangolo Luna-Terra-Sole: $(a + b + e) = 180$ gradi, e $(c + d + e) = 180$ gradi e quindi $(a + b) = (c + d)$.
Poiché *a* – cioè l'angolo sotto cui dal Sole si vede il raggio della Terra – è molto piccolo, si può anche scrivere $b \cong c + d$, dove *c* e *d* sono rispettivamente gli angoli sotto cui dalla Terra si vede il semidiametro dell'ombra e il raggio del Sole, e *b* è l'angolo sotto cui dalla Luna si vede il raggio terrestere. Noto *b*, si ricava la distanza della Luna poiché b = raggio terrestre / distanza, espresso in radianti. (Da: M. Hack, *Vi racconto l'astronomia*, Laterza, Roma 2002, p. 10)

Ancora Aristarco mostra come si possa determinare la distanza del Sole, considerando il triangolo Sole-Terra-Luna. Quando la Luna è al primo o all'ultimo quarto si ha un triangolo rettangolo i cui cateti hanno per vertici il Sole e la Luna e la Luna e la Terra, mentre l'ipotenusa ha per vertici il Sole e la Terra.

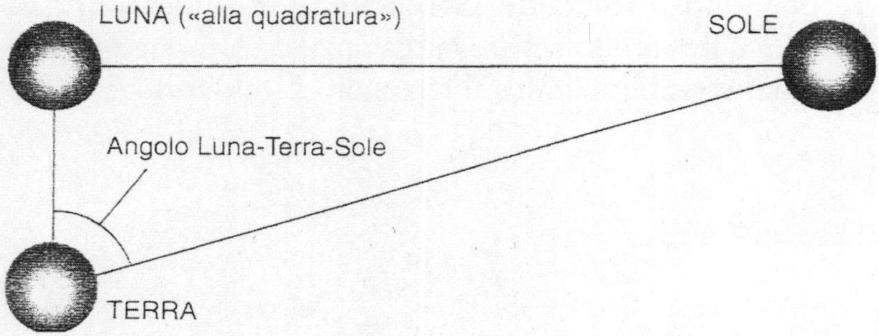

Figura 3. Misura della distanza del Sole: all'istante del primo o dell'ultimo quarto Sole,Terra e Luna sono i vertici di un triangolo rettangolo di cui sono noti due angoli (TLS = 90 gradi, e LTS angolo sotto cui dalla Terra si vede il Sole e la Luna al primo o all'ultimo quarto) e un cateto, la distanza Terra-Luna, e quindi si può ricavare l'ipotenusa, cioè la distanza Sole-Terra. (Da: *Storia dell'astronomia di Cambridge*, cit., p. 37).

Aristarco trovò un valore compreso fra 18 e 20 volte la distanza Terra-Luna, circa 7 milioni di km, molto inferiore a quello reale che oggi conosciamo essere di 150 milioni di km. Il metodo impiegato era concettualmente corretto, però era molto difficile stimare l'istante esatto in cui la Luna si trovava in quadratura con la Terra e il Sole. Comunque queste sono le prime misure dirette delle distanze della Luna e del Sole e del raggio della Terra da osservazioni astronomiche, e rappresentano la nascita del metodo scientifico moderno. Inoltre, sebbene la distanza del Sole fosse tanto sottovalutata, era possibile avere una prima stima delle sue dimensioni, e Aristarco scrive che il volume del Sole ha un valore compreso fra 254 e 368 volte il volume della Terra. Anche questo porre dei limiti inferiore e superiore al valore reale introduce il concetto molto moderno dell'errore nella misura.

L'enorme dimensione del Sole paragonata a quella della Terra fu probabilmente la ragione che indusse Aristarco a pensare che doveva essere il Sole e non la Terra al centro di quello che chiamava l'universo.

Prima di Aristarco, un altro astronomo e filosofo greco, Eraclide Pontico (385-315 a.C.), vissuto dunque circa un secolo prima di Aristarco, intuì che era la Terra a ruotare su se stessa in un giorno e non la volta celeste. Inoltre notando che Venere e Mercurio sono sempre molto vicini al Sole, sostenne che ambedue ruotano attorno al Sole e che poi tutti e tre – Sole, Mercurio e Venere – rotassero invece attorno alla Terra, come Marte, Giove e Saturno. Questo sistema con due centri ricorda quello proposto 18 secoli dopo da Tycho Brahe (1546-1601), maestro di Keplero e grande osservatore dei moti planetari, il quale propose un compromesso fra il sistema tolemaico e quello copernicano, con il Sole e la Luna orbitanti attorno alla Terra che manteneva la sua posizione centrale, e tutti gli altri pianeti orbitanti attorno al Sole.

Da Aristotele a Tolomeo

L'universo eliocentrico di Aristarco non trovò l'ampia accettazione che aveva invece quello aristotelico, forse anche perché Aristotele è stato il filosofo che ha più influenzato filosofi e scienziati per molti secoli, fino al Rinascimento e inoltre perché l'illusione dei nostri sensi suggeriva un universo molto più simile a quello geocentrico.

La cosmologia aristotelica è esposta nelle sue opere *Sul cielo* e nella *Metafisica*.

L'universo è composto da una serie di superfici sferiche al cui centro si trova la sfera terrestre. Gli argomenti in favore della natura sferica della Terra e dell'universo sono i seguenti: i moti naturali della materia terrestre avvengono da qualsiasi posto giù verso un centro attorno a cui naturalmente si forma una sfera di materia. Inoltre durante le eclissi di Luna la linea che divide le regioni in ombra da quelle illuminate è una linea convessa. La sfera inoltre, secondo Aristotele, è la più perfetta fra le figure solide, perché quando ruota attorno ad un qualsiasi diametro continua ad occupare sempre lo stesso posto.

La serie di strati che avvolgono la Terra sono sferici

etere essenza pura

perché solo i moti circolari possono ripetersi all'infinito senza invertire la direzione e il moto circolare è superiore a quello lineare perché è eterno o almeno potrebbe essere sempre esistito, prima di quello non circolare. Insomma, per Aristotele i moti circolari sono segno di perfezione e perciò anche il cielo ha una posizione speciale in ogni definizione di perfezione. Sulla Terra i moti naturali sono verso il basso (i corpi materiali) o verso l'alto (come il fumo) mentre nei cieli il moto naturale è quello circolare, senza scostamenti da esso, il che sarebbe segno di imperfezione. Mentre i corpi sulla Terra sono fatti dei quattro elementi che conosciamo – terra, acqua, aria e fuoco – i corpi celesti al di là dalla Luna sono fatti di un quinto elemento incorruttibile – l'etere o essenza pura: la quintessenza. I corpi situati fra la Terra e la Luna sono fatti di un miscuglio dei quattro elementi con l'etere, la cui purezza varia da un minimo in prossimità dell'atmosfera terrestre a un massimo sulla sfera della Luna.

Per Aristotele il cielo è unico ed eterno, contrariamente al mondo sublunare, mutevole e finito. Egli è quindi in contrasto con Platone che riteneva che il mondo fosse stato creato dal Demiurgo.

Per lui le sfere celesti erano reali superfici sferiche cristalline concentriche, la più lontana quella delle stelle fisse, la più vicina quella della Luna, mentre le comete per la loro natura di apparizioni inaspettate e di breve durata dovevano necessariamente appartenere alla regione sublunare, e si supponeva fossero un fenomeno meteorologico riguardante le sfere dell'aria e del fuoco.

Ipparco (198-127 a.C.) è stato probabilmente il più grande astronomo dell'antichità. Misuratore accurato dei moti dei corpi celesti, si rese conto chiaramente della differenza fra anno tropico e anno siderale. L'anno tropico misura l'intervallo fra due successivi equinozi o due successivi solstizi. All'equinozio di primavera, che il nostro calendario pone al 21 marzo e segna l'inizio della primavera, la durata del giorno è eguale alla durata della notte; dopo il 21 marzo la durata del giorno comincerà a diventare maggiore di quella della notte e raggiungerà la massima differenza il 21 giugno, solstizio d'estate che segna appunto l'inizio dell'estate. Poi la differenza diminuisce e il 22 settembre avremo di nuovo durata del giorno eguale a quella della notte, e quel giorno segna l'inizio dell'autunno. Dopo tale data la durata del giorno diventa minore di quella della notte fino a raggiungere la massima differenza il 22 dicembre, solstizio d'inverno e inizio dell'inverno. Per convenzione si definisce l'anno tropico l'intervallo fra due successivi equinozi di primavera. Invece l'anno siderale segna l'intervallo fra due successivi ritorni del Sole nella stessa posizione rispetto alle stelle. L'anno siderale è più lungo di quello tropico di 0,01417 di giorno. Fu la scoperta di questa differenza fra anno siderale e anno tropico a guidare Ipparco alla scoperta della precessione degli equinozi? È evidente che il movimento degli equinozi influisce sulla differenza fra anno tropico e anno siderale. Ipparco compilò un catalogo di posizioni stellari misurate sulla volta celeste prendendo come punto di riferimento l'equinozio di primavera e si accorse che la posizione di tutte le stelle variava con il passare del tempo. È come se il meridiano di Greenwich che si prende come riferimento per misurare la longitudine di un luogo sulla Terra si spostasse di un certo numero di minuti all'anno. Tutte le longitudini di qualsiasi luogo ne sarebbero affette.

Ipparco valutò lo spostamento da est verso ovest degli equinozi pari a circa un grado in 100 anni, non troppo discosto dal valore determinato oggi di un grado in 72 anni, pari a poco più di 50 secondi d'arco all'anno.

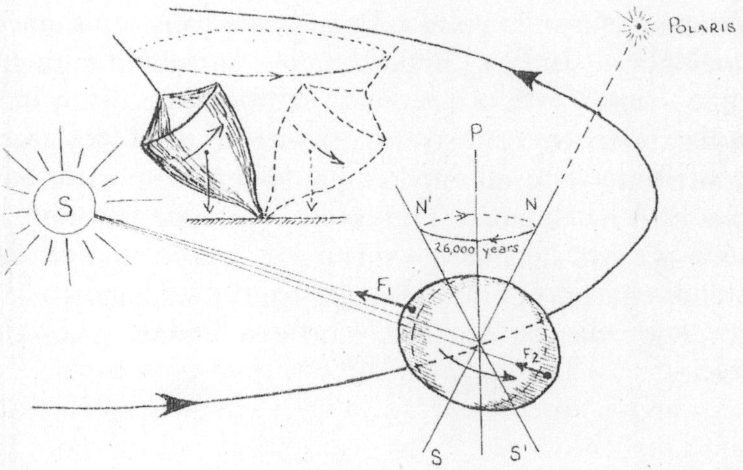

Figura 4. La precessione degli equinozi. Come una trottola che ruota attorno ad un asse inclinato rispetto alla verticale del luogo deve descrivere anche un giro attorno a quest'ultima, così la Terra ruota attorno al proprio asse NS che è inclinato rispetto alla normale P al piano dell'eclittica e descrive anche un circoletto attorno a quest'ultima, spostandosi da NS a N'S'. Questo movimento avviene in circa 25.800 anni.
(Da: G. Gamow, *Biography of physics*, Harper, New York 1961, p. 63)

Oggi sappiamo che la precessione è dovuta al fatto che l'asse polare descrive un doppio cono con il vertice nel centro della Terra in un periodo di circa 25.800 anni attorno a un asse perpendicolare al piano dell'orbita terrestre – l'eclittica – causato dall'attrazione del Sole e della Luna (e in misura trascurabile da quella degli altri pianeti) sul rigonfiamento equatoriale della Terra, che, a causa della rotazione, è leggermente schiacciata ai poli.

Con Ipparco ebbero inizio i sistemi di coordinate, in uso ancora oggi, per stabilire con precisione la posizione di una stella sulla volta celeste, e che sono strettamente analoghi al sistema di coordinate – latitudine e longitudine – impiegate per indicare la posizione di un luogo sulla superficie terrestre. In riconoscimento del grande contributo dato all'astronomia, l'agenzia spaziale europea ESA ha chiamato Hipparcos il satellite europeo, l'unico per ora destinato a misurare distanze e moti delle stelle, che ha operato dall'agosto 1989 all'agosto 1993 fornendo dati su distanza, moti e splendore di 120.000 stelle.

*Tolomeo, l'*Almagesto *e gli epicicli*

L'alessandrino Tolomeo (100-170 d.C.), nato circa tre secoli dopo Ipparco, può esserne considerato l'erede per l'importanza che ha avuto nella storia dell'astronomia. È famoso per la sua maggiore opera, *Almagesto*, contenente un catalogo con un migliaio di stelle, divise in 48 costellazioni, e di cui dava la posizione (longitudine e latitudine) e la luminosità apparente espressa in magnitudine, basata su una scala per cui le stelle appena al limite di visibilità erano di magnitudine 5 e le più splendenti di magnitudine 1. Di qui il modo di dire «stella di prima grandezza» di una persona o di un'opera emergente fra le sue simili.

Ma il suo maggiore impegno fu quello di cercare di spiegare le irregolarità nei moti dei pianeti e cercare di predire con precisione le loro posizioni sulla volta celeste, mantenendo fermo il dogma aristotelico che i moti dei corpi celesti debbono necessariamente essere circolari o combinazioni di moti circolari. Per capire come mai il semplice modello eliocentrico di Aristarco fosse così trascurato, va ricordato che per esempio il capo degli Stoici, Cleante, scriveva che «era dovere dei greci di accusare Aristarco di Samo di empietà per aver posto il Cuore dell'Universo (cioè la Terra) in moto». Molti secoli dopo l'accusa di empietà toccava a Galileo per lo stesso motivo.

Ma che i moti dei pianeti fossero assai complicati e non facilmente spiegabili con le sfere di Aristotele era ben noto e una soluzione fu l'introduzione degli epicicli, introdotti o citati per la prima volta dal matematico Apollonio di Perga intorno al 230 a.C. Il pianeta si muove di moto uniforme su un piccolo cerchio – l'epiciclo – il cui centro si muove di moto uniforme su un grande cerchio, detto deferente, con la Terra in posizione eccentrica.

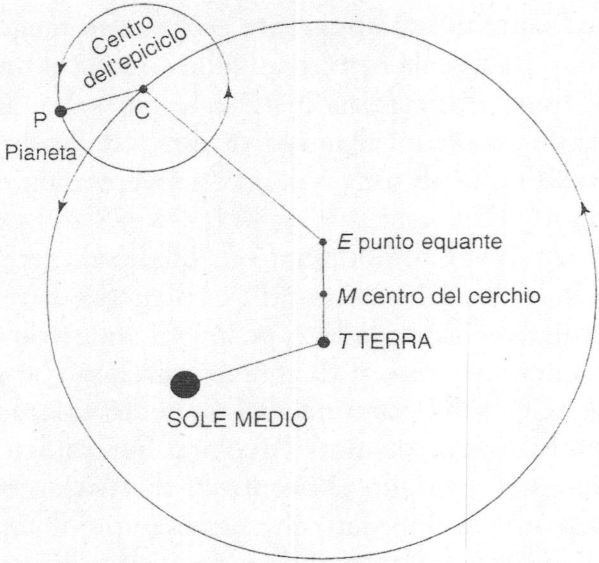

Figura 5. Gli epicicli. Tolomeo riusciva a spiegare i moti dei pianeti esterni (Marte, Giove e Saturno) con questo macchinoso sistema. La Terra è in *T*, *M* è il centro del cerchio grande detto il deferente, *C* è il centro dell'epiciclo su cui si muove il pianeta ed è un punto del deferente. *E* è un punto detto equante situato sulla retta *TM* tale che *TM* = *ME*. *C* si muove sul deferente con velocità angolare variabile tale che visto dal punto equante sembra muoversi di moto uniforme. *P* si muove sull'epiciclo in modo che *CP* sia sempre parallelo alla linea *T*-Sole medio. Il Sole medio è dovuto al fatto che l'osservatore è in movimento rispetto al Sole. Il rapporto dei raggi del deferente e dell'epiciclo, l'eccentricità *TM* e le velocità angolari di *C* sul deferente di *P* sull'epiciclo sono scelte in modo da spiegare il moto di ciascun particolare pianeta. (Da: *Storia dell'astronomia di Cambridge*, cit., p. 45.)

In questo modo si riusciva a spiegare la variabile velocità con cui il pianeta sembra spostarsi nella sua orbita at-

pianeta è una stella errante

torno alla Terra e perché sembri di invertire la direzione del suo moto da diretto a retrogrado. Era comunque impossibile descrivere esattamente il moto dei pianeti; gli antichi hanno tentato aggiungendo cerchi e cerchietti e complicando all'inverosimile il sistema planetario, fino a che, nel 1600, Keplero, utilizzando la lunga e accurata serie di osservazioni fatte dal suo maestro Tycho Brahe, accettò la realtà delle orbite ellittiche.

Tolomeo, nell'*Almagesto*, considera le stelle fisse i corpi più lontani dalla Terra, come già aveva supposto Aristotele sei secoli prima, e stabilisce che il più lontano dei pianeti è Saturno, il cui moto fra le stelle è il più lento, compiendo un'intera rivoluzione in 30 anni, seguito da Giove, una rivoluzione in dodici anni, e poi da Marte, periodo di rivoluzione due anni, mentre il più vicino è la Luna (considerata anch'essa, come il Sole, un pianeta), periodo orbitale un mese. A questo proposito occorre ricordare che il termine pianeta significa stella errante, in confronto alle stelle fisse, che mantengono sempre inalterate le loro posizioni relative. Fra Marte e la Luna si piazzava certamente il Sole che orbitava attorno alla Terra in un anno. Più difficile fu stabilire dove situare Mercurio e Venere. Poiché apparivano sempre vicini al Sole, Mercurio più di Venere, Tolomeo stabilisce con argomenti assai contorti che Mercurio, Venere e Sole orbitino in questo ordine di distanza crescente attorno alla Terra. Forse anche per un desiderio di simmetria, dato che il Sole rivestiva comunque un carattere particolare, e tre pianeti erano più distanti del Sole, mentre solo la Luna era più vicina, Tolomeo piazzò Mercurio e Venere fra la Luna e il Sole. Abbiamo dunque la Terra al centro, poi Luna, Mercurio e Venere, poi quel pianeta speciale che è il Sole, e infine Marte, Giove e Saturno.

E dopo Tolomeo?

Dopo i sei secoli – dal 500 a.C al 100 d.C. – che hanno visto le straordinarie intuizioni di Anassagora e di Democrito e l'inizio di una scienza in senso moderno basata su misure geometriche delle dimensioni della Terra e delle distanze della Luna e del Sole, e i tentativi di spiegare i moti di quelli che erano chiamati pianeti – o stelle erranti – non ci sono più notevoli progressi nella conoscenza dell'universo fino al 1500, quando Copernico, forse a conoscenza delle idee di Aristarco, ripropone il modello eliocentrico.

In questo lungo periodo non si ebbero più veri e propri scienziati che innovarono il sapere astronomico: ci sono rimaste notizie di molti studiosi e commentatori delle opere classiche e in particolare di quelle di Tolomeo. Fra questi va ricordato Diadoco, vissuto ad Atene nel V secolo d.C. che scrisse un utile commento delle opere di Tolomeo e poi Simplicio, commentatore di Aristotele. Ma in Europa nei secoli seguenti si ha addirittura una regressione nelle conoscenze astronomiche, mentre un crescente interesse per la scienza si sviluppa nel mondo islamico e in India. Da ricordare l'importante innovazione all'aritmetica occidentale apportata dal sistema indo-arabico di numerazione che introduce lo zero, per cui ancora oggi si parla di «numeri arabi» in confronto al complicato sistema di numerazione romano.

Fra il IX e il X secolo la cultura islamica raggiungeva il massimo splendore e dominava i paesi mediterranei, fino alla Spagna, la Sicilia e anche la Provenza, mentre l'Europa centro-occidentale veniva unificata sotto l'egida del Sacro Romano impero carolingio. Era l'inizio del Medioevo, passato alla storia come un'epoca «buia». Tanto si è discusso sulla correttezza di questo giudizio svalutante, ma è un fatto che al fiorire di studi e scoperte nel mondo islamico si contrappone l'oscurantismo cristiano-europeo, in cui né il potere temporale né quello spirituale incentivavano la ricerca, perché da Sant'Agostino in avanti si è guardato con sospetto alla scienza pagana. Il sapere dell'antichità si è conservato per secoli nei monasteri sparsi per l'Europa, ma tutti gli studiosi del periodo si sforzarono ostinatamente di piegarlo al dettato biblico.

È stato solo verso il 1400 che ebbe inizio un cambiamento generale in Europa. Con lo sviluppo di nuove rotte per i commerci, via terra e via mare, le principali città europee diventano centri di scambi commerciali, in cui fiorisce una classe di cittadini urbani, che diventa determinante per la società. Si sviluppano scuole e università e alla cultura monopolio della Chiesa si va affiancando una cultura laica. I testi dell'antichità classica vengono riscoperti in parte e studiati in modo critico.

Certamente le scoperte geografiche e l'invenzione della stampa di Gutenberg, imprimono un'accelerazione all'esplorazione di nuovi mondi e alla veicolazione del sapere. Pur col rischio di tutte le semplificazioni, non c'è dubbio che l'era moderna conosce un fervore intellettuale, in campo artistico e scientifico prima sconosciuto. Anche l'astronomia beneficia di questo nuovo clima. Da allora, la conoscenza dell'universo ha compiuto continui passi in avanti, che potremmo riassume in queste fasi:

- nel Cinquecento si afferma il modello copernicano;
- il Seicento è il secolo di Galileo, Keplero e delle intuizioni di Giordano Bruno;
- a cavallo fra Sei e Settecento emersero la figura di Newton, la sua legge di gravitazione universale, e poi l'astronomo Halley;
- nella seconda metà del Settecento ricordiamo William Herschel e la sua descrizione della struttura della Via lattea;
- nel corso dell'Ottocento, nasce la tecnica spettroscopica da cui la nuova astronomia, l'astrofisica e lo studio della natura fisica e della composizione chimica dei corpi celesti;
- nel Novecento, le grandi scoperte che nel passato si verificavano a distanza di secoli e poi di molti decenni, l'una dall'altra, si susseguono ora a distanza di pochi anni. La nuova fisica, con la teoria quantistica e la relatività, fornisce gli strumenti per interpretare i messaggi contenuti nella luce delle stelle. Ma il «secolo breve» è ricco di ben altre conquiste scientifiche: la scoperta della natura delle «nebulose» e dell'espansione dell'universo, la posizione del Sole nella Via lattea, la fonte dell'energia stellare e la costituzione ed evoluzione delle stelle, la ricezione di onde radio dal centro

della Via lattea e la nascita della radioastronomia e la scoperta di nuovi aspetti delle stelle e delle galassie, la «fotografia» dell'universo 300.000 anni dopo il Big Bang – quello che si usa considerare l'inizio dell'universo (o forse l'inizio di una nuova fase di un universo eterno?) quando ancora non c'erano né le stelle né le galassie; dopo la seconda guerra mondiale si assiste all'inizio dell'era spaziale e la scoperta di nuovi insospettati aspetti dell'universo a raggi gamma, a raggi X, nell'ultravioletto e nell'infrarosso, la scoperta dei pianeti extrasolari e la nostra origine dalle supernove. Queste le principali tappe della nostra conoscenza dell'universo, accumulatesi in meno di cento anni.

Oggi, dopo questa lunga marcia alla conquista dei misteri del cosmo, si è fatta molto più forte la coscienza di quanto ancora ci è ignoto, e di quanto le domande che l'umanità si è sempre posta forse oggi come non mai sono vicine a una risposta, anche se molte resteranno avvolte dal mistero. Ma certo rimane la sorpresa e anche l'orgoglio di quanto il cervello umano sia stato in grado di capire in un tempo minuscolo rispetto ai quasi 14 miliardi di anni trascorsi dal momento del Big Bang ad oggi, quaggiù, in una minuscola Terra spersa in un universo esteso miliardi di anni luce e forse infinito.

La fioritura della scienza e filosofia greca è stata favorita dalla particolare struttura della società.

Mentre in Cina, Egitto, Mesopotamia dominavano dinastie di imperatori considerati addirittura dèi o semidèi, e la scienza, in particolare l'astronomia, era coltivata dalla casta sacerdotale, la struttura della società greca era completamente diversa. Probabilmente a causa delle caratteristiche geologiche – paesaggi montuosi e numerose isolette impedivano la formazione di un forte potere centrale e anche lo sviluppo di un'economia agricola – la Grecia classica produsse una classe di navigatori dediti al commercio e fondatori di colonie sulle coste del Mediterraneo, dalla penisola anatolica all'Italia meridionale. Questi «esploratori» erano per ovvie ragioni i cittadini più avventurosi e intraprendenti delle polis. Il susseguirsi di generazioni di navigatori, e le necessità di orientarsi per mare, contribuirono allo sviluppo di una scienza astronomica non più appannaggio di pochi ma aperta a tutti, oggi diremmo democratica. Non per nulla la parola «democrazia» deriva dal greco e in questa Grecia, in cui il sapere veniva condiviso, e l'indagine filosofico-scientifica non era assoggettata ai dogmi di alcuna religione, affondano le radici della nostra Europa moderna.

Infatti, bisognerà aspettare il Quattro-Cinquecento, con i cambiamenti sociali ed economici che si verificano in Europa – la crescita di una classe di cittadini-mercanti e viaggiatori, una maggiore circolazione di uomini, merci e idee, in Italia il fiorire di signorie i cui principi illuminati si circondano di artisti e uomini di scienza – per ritrovare un periodo storico che favorisca non solo la curiosità per la cultura degli antichi ma anche un rinnovato interesse per le scienze. Dopo i secoli bui del Medioevo, si assiste a un generale desiderio di non limitarsi a studiare e approfondire le conoscenze dei predecessori, ma di indagare con spirito critico le leggi nascoste della Natura, una volontà di ricerca autonoma, sintomo di una laicizzazione della cultura che comincia a svincolarsi dal giogo della religione. È questo lo spirito nuovo che sta alla base di quell'epoca tanto feconda di novità che fu il Rinascimento, epoca di grandi geni, da Leonardo a Galileo e Giordano Bruno, per citare gli italiani, passando per Copernico e Keplero.

Da Copernico a Giordano Bruno

Copernico fu sicuramente una di queste grandi personalità dell'epoca. La portata delle sue scoperte fu tale che nel linguaggio comune è entrata l'espressione «rivoluzione copernicana» per indicare lo stravolgimento di paradigmi precedenti.

Niccolò Copernico (1473-1543) nasce a Torun in Po-

Copernico nasce in Polonia

lonia in una famiglia di immigrati tedeschi. Molti di questi immigrati erano commercianti pieni d'iniziativa e fondatori di città come Danzica, Torun, Cracovia, persone aperte alle novità, molto più di coloro che erano rimasti vincolati alle loro vecchie case e alle loro campagne.

Copernico cominciò ad occuparsi di astronomia e astrologia all'Università di Cracovia, e poi fu mandato in Italia all'Università di Ferrara per studi giuridici e medici. Fu lì che apprese greco e latino e cominciò il suo interesse per le diverse strutture del mondo proposte dagli antichi.

L'opera in cui è esposto il suo «sistema», e che segna uno spartiacque fra la vecchia e nuova astronomia, ossia il passaggio dal modello geocentrico a quello eliocentrico, è il *De revolutionibus orbium caelestium*, dedicata a papa Paolo III. In essa Copernico riporta le idee di Eraclide ed Ecfanto secondo cui la Terra ruota in un giorno intorno al proprio asse, e quella dei pitagorici secondo cui la Terra e gli altri pianeti orbitano attorno al Sole. In realtà, i perni della sua teoria li aveva già esposti succintamente nel 1512 nel *Commentariolus*, e possono essere riassunti nelle seguenti sette tesi:

1) Non c'è un solo centro per tutte le orbite o sfere celesti;
2) Il centro della Terra non è il centro dell'Universo ma solo della gravità e dell'orbita lunare;
3) Tutte le orbite circondano il Sole, il quale è come se fosse fermo nel mezzo, cosicché il centro dell'Universo è situato intorno al Sole;
4) Il rapporto delle distanze del Sole e della Terra all'altezza del firmamento è più piccolo di quello del semidiametro terrestre alla distanza del Sole, cosicché il rapporto rispetto all'altezza del firmamento è impercettibile;

5) Quelli che appaiono come moti del firmamento non sono dovuti ad esso ma alla Terra; quindi la Terra con i suoi elementi più vicini [probabilmente l'atmosfera] ruota giornalmente attorno ai suoi invariabili poli, mentre il firmamento è immobile, e l'ultimo cielo è permanente;
6) Quello che ci appare come un moto rispetto al Sole, non è dovuto al Sole stesso ma alla Terra, con cui noi stiamo orbitando proprio come ogni altro pianeta; così la Terra è trascinata da parecchi movimenti;
7) Ciò che nel moto dei pianeti appare come moto retrogrado o moto diretto non dipende dai pianeti ma dalla Terra, il cui moto è sufficiente a spiegare molti differenti fenomeni.

Copernico distribuì il *Commentariolus* a un piccolo numero di astronomi e si dedicò anche a numerose osservazioni di pianeti. Malgrado il suo spirito innovativo, Copernico non abbandonò il dogma aristotelico secondo cui i movimenti dei pianeti dovevano essere circolari e ricorse anch'egli agli epicicli, complicando quello che era un sistema molto semplice. Passarono comunque molti anni prima che Copernico terminasse la sua opera completa, *De revolutionibus orbium caelestium* che fu pubblicato solo nel 1543, l'anno della sua morte. Per quest'opera e i valori numerici forniti per determinare le posizioni dei pianeti, Copernico sarà considerato il successore di Tolomeo, ma la rivoluzione portata dal suo sistema eliocentrico non fu capita dai coevi, e più che considerarlo un nuovo modello descrittivo della realtà, venne visto come un sistema ingegnoso che superava alcune criticità di calcolo di quello tolemaico, ma non ambiva a stravolgere lo *statu quo*. Forse per questo, e per essere morto prima che emergesse chiaramente la reale portata delle sue scoperte, Copernico non fu colpito dai fulmini della Chiesa.

Il sistema copernicano era troppo rivoluzionario per l'epoca perché potesse trovare una larga eco. Lo apprezzarono in pieno tre grandi figure successive e tra loro contemporanee – Galileo (1564-1642), Keplero (1573-1630) e Giordano Bruno (1548-1600). Giordano Bruno era un frate domenicano, diventato un emblema della lotta contro l'oscurantismo per il coraggio estremo con cui difese le sue idee, ma passato alla storia anche per la sua immagine dell'universo, così moderna e attuale. Egli immaginava un universo infinito, popolato da un numero infinito di stelle. E scriveva: «Le stelle sono tanti soli, e come il Sole circondate da pianeti. Questi pianeti sono abitati come la Terra».

Ancora non sappiamo se i miliardi di pianeti presenti nell'universo sono abitati da esseri intelligenti, ma pensare di essere soli nell'universo, individui speciali in un posto speciale, sarebbe altrettanto assurdo che pensare, come gli antichi, che la Terra sia il centro dell'Universo, creata da Dio apposta per noi. Per queste sue idee Giordano Bruno fu accusato di eresia e, avendo rifiutato di abiurare, mandato al rogo il 17 febbraio del 1600.

Galileo e Keplero

Galileo e Keplero segnano l'inizio della scienza moderna,

basata sulle osservazioni e gli esperimenti e non su dogmi filosofici o religiosi.

Galileo nacque a Pisa, visse fino all'adolescenza a Firenze, e poi tornò a Pisa per studiare medicina, dove si dedicò invece alla fisica e alla matematica. È stato un ingegnoso sperimentatore – oggi diremo un fisico sperimentale – e un astronomo, il primo a utilizzare il cannocchiale per studiare i corpi celesti, e anche, potremmo dire, un divulgatore scientifico. Fra i suoi scritti pienamente accessibili anche a persone completamente sprovviste di cultura scientifica, va ricordato fra l'altro il suo *Dialogo di Cecco di Ronchitti da Bruzene*, scritto in dialetto padovano in risposta al *Discorso intorno alla nuova stella* scritto con lo pseudonimo di Cecco di Ronchitti da Cesare Cremonini, un difensore delle idee aristoteliche. Nel *Sidereus Nuncius*, pubblicato nel 1612, Galileo descrive le scoperte astronomiche fatte col cannocchiale, mentre nel *Dialogo sopra i due massimi sistemi del mondo*, pubblicato nel 1632 e scritto in volgare, appare chiara la preferenza di Galileo per il sistema copernicano.

Keplero e Galileo, ambedue sostenitori della teoria eliocentrica, erano in corrispondenza fra loro. Nel 1597 Galileo esprime il suo apprezzamento per il sistema copernicano, e le sue esitazioni nel dichiararlo apertamente: «...dissuaso dal destino dello stesso Copernico, nostro maestro, che pure avendo ottenuto fama immortale presso alcuni, a innumerevoli altri appare oggetto di derisione e ingiurie. Certo, io pubblicherei il mio punto di vista, se ci fossero molte più persone come voi, ma poiché così non è, mi asterrò». E Keplero lo incoraggia: «Mostrate le vostre prove; riunendo le nostre forze e le vostre prove potrete aiutare i vostri sostenitori che ora soffrono per giudizi ingiusti. Abbi fiducia Galileo, e vai avanti! Se io ho ragione, solo pochi dei maggiori matematici europei si terranno alla larga da noi, tale è il potere della verità».

Nell'estate del 1609 Galileo viene a conoscenza, da dei viaggiatori, che alcuni ottici olandesi avevano inventato uno strumento formato da un tubo con due vetri curvi alle due estremità, che facevano vedere vicine le cose lontane. Per un fisico sperimentale come lui non fu un problema costruirsene uno, e come scrive nel *Sidereus Nuncius* «basandomi sulla dottrina della rifrazione, fui in grado di giungere allo scopo». Dopo alcuni tentativi, ne costruì uno che ingrandiva gli oggetti di 8 volte, poi uno di 60 volte e infine «non risparmiando né fatica né denaro, giunsi al punto di costruire uno strumento tanto eccellente, che gli oggetti visti con quello, apparivano quasi mille volte più grandi e più di trenta volte più vicini che se guardati solo con la facoltà naturale. Sarebbe del tutto superfluo enumerare quanti e quali siano i vantaggi procurati da questo strumento nell'osservazione in terra e in mare. Ma, tralasciate le questioni relative alla Terra, mi rivolsi allo spettacolo dei cieli, e guardai la Luna così da vicino, quasi come se distasse due raggi terrestri...»

Quindi la grandezza di Galileo non fu quella di avere inventato il cannocchiale, ma di aver capito i grandi vantaggi che si potevano ottenere dal suo uso, soprattutto nell'osservazione del cielo. Nel titolo del *Sidereus Nuncius* riassume le sue maggiori scoperte: «Annuncio astronomico che contiene e chiarisce osservazioni fatte di recente, per mezzo di un cannocchiale, sulla faccia della Luna, nella Via lattea e nelle stelle nebulose, in molte fisse, nonché in quattro pianeti chiamati astri medicei mai visti finora».

Questa serie di osservazioni demolisce i dogmi aristotelici e fornisce una prova diretta della validità del sistema copernicano. Ma già prima dell'impiego del cannocchiale, nel 1604 l'apparizione della «stella nova», passata alla storia come la supernova di Keplero, che ne osservò le variazioni luminose confrontandola con le stelle vicine, sfatò il dogma che l'universo è perfetto, eterno e immutabile e i cambiamenti possono aver luogo solo nella sfera sublunare. Galileo osservando di notte in notte la posizione della nova rispetto alle stelle fisse, traguardandola tramite «il manico di un coltelletto» appoggiato al davanzale della finestra della sua casa in Prato della Valle a Padova, notava che la sua posizione relativa rispetto alle stelle fisse non cambiava, e ciò voleva dire che era molto più lontana della Luna e anche dei pianeti, e quindi anche nell'immutabile mondo di Aristotele ci sono cambiamenti, argomenti discussi da Galileo nel *Dialogo di Cecco di Ronchitti*. Un simile evento si era verificato pochi anni prima, quando era apparsa un'altra supernova, nel 1572, passata alla storia come la supernova di Tycho Brahe che ne osservò accuratamente le variazioni luminose.

L'osservazione della Luna col cannocchiale, permette a Galileo di scoprire una superficie corrugata, coperta da montagne, pianure e crateri come il nostro pianeta, dimostrando che è un corpo solido e con una massa come la Terra, e non fatto di quella materia eterea che aveva supposto Aristotele.

Galileo nota che le stelle, osservate al cannocchiale, appaiono sempre della stessa grandezza ma se ne vedono molte centinaia in più che a occhio nudo. Un fatto oggi ben noto. Infatti la distanza delle stelle è tanto grande che esse ci appaiono sempre come oggetti puntiformi; i telescopi non le ingrandiscono ma catturano, a differenza del nostro occhio, una quantità di luce in proporzione molto superiore rispetto al rapporto fra l'area delle lenti del telescopio e l'area della nostra pupilla, il che ci permette di vedere migliaia di stelle troppo deboli e lontane per essere scorte a occhio nudo. Inoltre Galileo scopre, e descrive nel suo *Sidereus Nuncius*, «l'essenza della stessa Via lattea, ossia la materia che, con l'aiuto del cannocchiale, può essere vista. Così che tutte le diatribe che per tanti secoli hanno tormentato gli studiosi vengono meno grazie alla certezza visiva e saremo così liberati da dispute verbose. La Galassia non è infatti altro che una congerie di innumerevoli stelle riunite insieme; infatti, in qualunque regione della Galassia tu diriga il cannocchiale, immediatamente una grande quantità di stelle molto fitte si offre alla vista; di queste molte sembrano grandi e molto visibili; ma la moltitudine di quelle piccole è del tutto inesplorabile.»

Queste osservazioni fecero capire a Galileo che anche quelle zone biancheggianti, simili a nubi, chiamate stelle nebulose, sono probabilmente anch'esse aggregati di stelle molto addensate.

Da notare che bisogna arrivare agli anni Venti del XX secolo per capire che esistono due specie di «nebulose»: miliardi di galassie simili alla Via lattea e sparse per tutto l'universo, e centinaia di addensamenti di gas e «polveri» (minuscole particelle solide specialmente di grafite, silicati e ghiaccio) facenti parte della Via lattea.

Ma la scoperta più straordinaria di Galileo, avvenne il 7 gennaio del 1610; osservando Giove, egli scopre tre stelline accanto al pianeta, due a oriente e una a occidente, tutte allineate su una retta parallela all'eclittica. La notte seguente le osserva di nuovo: ora sono tutte e tre allineate ad ovest di Giove. Ma Galileo, persuaso che si tratti di stelle fisse, pensa che la diversa disposizione fosse dovuta al moto di Giove. «Pertanto aspettai con la massima impazienza la notte seguente; ma la mia speranza andò delusa poiché il cielo era ovunque coperto di nubi». Ma il 10 si vedevano solo due stelle, tutte e due a est di Giove, sempre allineate lungo lo Zodiaco. La terza, pensa Galileo, doveva essere nascosta da Giove. Il 13 gennaio ne scopre una quarta. Le osservazioni proseguono tutte le notti fino al 2 marzo.

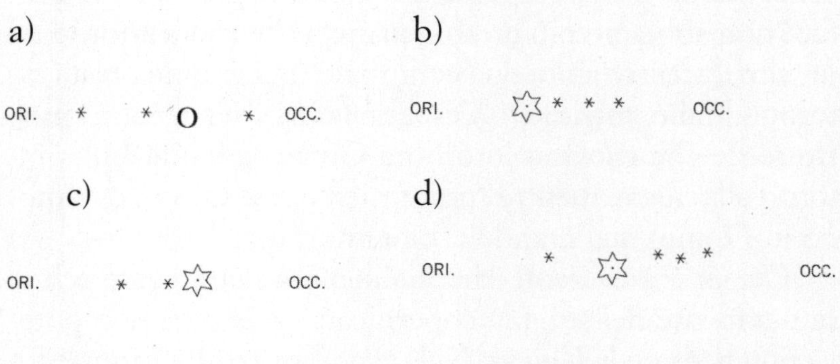

Figura 6. I Pianeti medicei osservati da Galileo – rispettivamente il 7 gennaio 1610 (a), l'8 gennaio (b), il 10 gennaio (c) e il 13 gennaio (d) – così come da lui disegnati nel *Sidereus Nuncius*.

Galileo li chiama «astri medicei» in onore di Cosimo II de' Medici e si rende conto che: orbitano attorno a Giove e con lui descrivono la grande orbita intorno al Sole in 12 anni; hanno orbite diseguali l'uno dall'altro; e sono più veloci le rivoluzioni di quelli che descrivono cerchi più piccoli attorno a Giove (anticipando una delle leggi di Keplero). I quattro maggiori satelliti di Giove – Io, Europa, Ganimede e Callisto – rappresentarono per Galileo un modello in miniatura del sistema solare, la prova diretta a favore del modello copernicano. Infatti Galileo a proposito dei moti degli astri medicei attorno a Giove scrive: «Riteniamo inoltre l'argomento del massimo valore per togliere ogni dubbio a quelli che accettano tranquillamente, nel sistema copernicano, la rivoluzione dei pianeti intorno al Sole, che però sono così turbati dal moto della sola Luna intorno alla Terra, mentre ambedue orbitano attorno al Sole in un anno, da ritenere che questa configurazione dell'universo debba essere respinta, in quanto impossibile: ora infatti non abbiamo più un solo pianeta che ruota attorno ad un altro, mentre ambedue compiono una grande orbita intorno al Sole, ma invero l'esperienza visibile mostra quattro stelle che ruotano intorno a Giove, come la Luna intorno alla Terra, mentre tutti, insieme con Giove, compiono in 12 anni una grande orbita intorno al Sole».

Ormai era evidente che Galileo era nettamente schierato a favore del sistema copernicano, e la cosa non poteva non turbare la Chiesa. Nel dicembre 1614 a Firenze un predicatore domenicano lesse il passo biblico in cui Giosuè ordina al Sole di fermarsi, (il che voleva dire che il Sole non era immobile al centro dell'universo). Il discorso era rivolto contro gli astronomi moderni che seguivano le teorie copernicane, e si concluse con un attacco indiretto a Galileo citando un passo della Bibbia: «Uomini di Galilea, che cosa state a guardare in cielo?» che in latino suona *Viri Galilaei, quid statis aspicientes in caelum*? Galileo risponde sempre indirettamente scrivendo, in una *Lettera alla Granduchessa madre Madama Cristina di Lorena* del 1615: «La Bibbia insegna come si vadia al Cielo, e non come vadia il Cielo».

Nel 1616 il *De revolutionibus orbium caelestium* di Copernico fu posto all'indice e il cardinale Bellarmino ordinò privatamente a Galileo di non insegnare o difendere sia a voce che per scritto il sistema copernicano. Nel 1623 con l'elezione a papa di Maffeo Barberini (Urbano VIII) che era sempre stato amico e sostenitore di Galileo, questi si decide, nel 1632 a pubblicare il suo *Dialogo sopra i due massimi sistemi del mondo, tolemaico e copernicano.* Il Sant'Uffizio convoca Galileo a Roma accusandolo di aver contravvenuto agli ordini impartiti da Bellarmino. Galileo che non se la sentiva di fare la fine di Giordano Bruno abiurò, giurando che mai più avrebbe insegnato la falsa dottrina copernicana, ma non solo, avrebbe denunciato chiunque, a sua conoscenza, lo avesse fatto.

Salvò così la pelle e si salvò anche dalla galera, ma fu costretto a quelli che oggi si chiamano «arresti domiciliari». Solo, mezzo cieco e malato, trascorse gli ultimi anni della sua vita nella villa Il Gioiello, ad Arcetri, sulle colline della periferia sud di Firenze, a pochi passi dal convento della figlia, Suor Maria Celeste, e dove oggi sorge l'Osservatorio astrofisico di Arcetri.

Quella di Galileo e del vergognoso trattamento ricevuto, è una pagina nera nella storia della Chiesa. Ci vorranno 350 anni esatti dalla morte del padre della scienza moderna, perché la Chiesa, solo nel 1992 – durante il pontificato di Giovanni Paolo II – riabiliti Galileo e riconosca il proprio errore.

Anche se oggi si guarda bene dall'interferire sulle ricerche scientifiche riguardanti la fisica, la matematica, la chimica – le cosiddette scienze abiologiche – la Chiesa continua ancora a influire pesantemente sulle scienze biologiche, cioè quelle che hanno a che fare con la vita, condizionando il dibattito etico derivante dalle scoperte e quindi la libertà di ricerca. Va ricordato il veto di utilizzare cellule staminali embrionali per esperimenti e ricerche che potrebbero portare a grandi progressi nella cura di malattie inguaribili, e addirittura alla possibilità di ricostruire organi malati. Si tratta ovviamente di un'obiezione di natura teologica, basata sull'assunto della sacralità della vita come dono di Dio e sulla presenza dell'anima anche negli embrioni. Posizioni opinabilissime. Viviamo in pieno fulgore delle neuroscienze, eppure nessuno ad oggi sa dire cos'è, dov'è e come funziona la coscienza, figuriamoci l'anima, ammesso che ne abbiamo una. Tuttavia, simili pregiudizi hanno convinto molti governi a porre paletti a queste ricerche, in particolare il nostro, che non brilla per rispetto della scienza e della laicità dello Stato. Tutto mentre, in Paesi più liberi, gli scienziati hanno già costruito «pezzi di ricambio umani» come cornee, pelle, vesciche e anche un intestino.

Illuminante, per capire cosa veramente pensano della

scienza i fondamentalisti religiosi, le considerazioni espresse da Papa Ratzinger nell'ottobre 2008, in occasione del decimo anniversario dell'enciclica *Fides et Ratio* di papa Wojtyla.

Dopo aver sostenuto che «la conquista scientifica e tecnologica... in qualche modo, ha emarginato la ragione che ricercava la verità ultima delle cose per fare spazio ad una ragione paga di scoprire la verità contingente delle leggi della natura», arrivava alla conclusione che «la fede, da parte sua, non teme il progresso della scienza e gli sviluppi a cui conducono le sue conquiste quando queste sono finalizzate all'uomo, al suo benessere e al progresso di tutta l'umanità». Obiettivi che qualunque scienziato condividerebbe, purché nessun potere politico o religioso gli imponga il tipo di bene e progresso a cui puntare. È questo il punto cruciale. Per la Chiesa «avviene tuttavia che non sempre gli scienziati indirizzino le loro ricerche verso questi scopi. Il facile guadagno o, peggio ancora, l'arroganza di sostituirsi al Creatore svolgono a volte un ruolo determinante».

Sul «facile guadagno» è scontato obiettare che si dimentica la vita di sacrifici e scarsità di fondi che affligge il mondo della ricerca in Italia. A meno che non si alluda a scienziati privi di scrupoli al servizio di potentati economici dai fini non limpidi, realtà più vicina ai film che alla vita quotidiana dei laboratori. Quanto all'«arroganza», devo forse ricordare la «chiusura» della Chiesa, nei secoli recenti e fino a oggi, verso tutte le conquiste della scienza, chiusura che, se non fosse stato per il coraggio e la perseveranza di alcune menti coraggiose, avrebbe arrestato ogni progresso dell'umanità? E poi, un'obiezione provocatoria. Secondo la Bibbia, non siamo fatti a immagine e somiglianza di Dio? E allora perché non dovremmo cercare di accrescere la nostra conoscenza per conquistare quella «verità ultima delle cose» che in fondo nessuna ragione o teologia sa dimostrare qual è con la stessa incontrovertibilità della scienza?

La risposta è implicita nel passaggio seguente del discorso di Ratzinger: «La scienza, d'altronde non è in grado di elaborare principi etici; essa può solo accoglierli in sé e riconoscerli per debellare le sue eventuali patologie».

Ora, al Papa e a tutti i fondamentalisti religiosi, vorrei qui ricordare due cose: 1) che per quanto riguarda l'etica, gli scienziati – che siano atei, agnostici o credenti – sono esseri umani come tutti gli altri, di certo non inferiori moralmente agli uomini di fede; 2) che molti credenti obbediscono ai principi etici delle loro religioni per assicurarsi un posto in Paradiso, mentre l'ateo che ispira la sua condotta al dettato morale di quella grande personalità della Storia che fu Gesù Cristo, uomo e non Dio, («Ama il prossimo tuo come te stesso», e «Non fare agli altri quello che non vorresti fosse fatto a te») lo fa del tutto disinteressatamente, per un suo intimo convincimento, non per una ricompensa in un Aldilà in cui non crede. La «responsabilità» per le proprie azioni e scelte di un ateo, ancor più se scienziato, si gioca tutta qui e adesso, non in un tempo di là da venire in cui colpe e peccati saranno perdonati. È falso quindi, che solo la filosofia e la teologia possano guidare una scienza eticamente immatura.

Tutta questa digressione per dire che, malgrado siano mutati i rapporti di forza e si siano ristretti gli ambiti di intervento sulla ricerca rispetto ai tempi di Galileo, l'ingerenza della Chiesa sul libero cammino della scienza permane, anche se in forme meno scoperte e più insidiose.

Ma torniamo al Seicento. A differenza di Galileo, che era uno sperimentatore, uno che non solo si era costruito il cannocchiale, ma aveva immaginato e fatto esperimenti sul moto accelerato, sulle leggi che regolano il moto del pendolo, e molte altre osservazioni, Keplero era invece un teorico. Non si era dedicato all'osservazione del moto dei pianeti, ma aveva utilizzato quelle numerose e precise fatte dal suo maestro Tycho Brahe. La sua modernità consiste soprattutto nel fatto che accettò i risultati delle osservazioni, che mettevano in luce le irregolarità nei moti dei pianeti, e invece di restare prigioniero del dogma aristotelico per cui i moti dei corpi celesti dovevano essere circolari o combinazioni di moti circolari, riconobbe il fatto osservativo che le orbite sono delle ellissi di cui il Sole occupa uno dei fuochi (Prima legge di Keplero, 1609) e che il raggio vettore (segmento immaginario che congiunge il Sole al pianeta) spazza aree eguali in tempi eguali (Seconda legge, 1609). Segue di qui che quando il pianeta è alla massima distanza dal Sole (all'afelio) il raggio vettore è più lungo e di conseguenza l'arco di orbita percorso in un dato tempo è più corto, e quindi la velocità orbitale minore. Al perielio succede il contrario: quando il raggio vettore è più corto, l'arco di orbita percorso in un dato tempo è più lungo e quindi la velocità orbitale maggiore. Non c'è più bisogno di invocare gli epicicli per spiegare la variabile velocità dei pianeti lungo l'orbita.

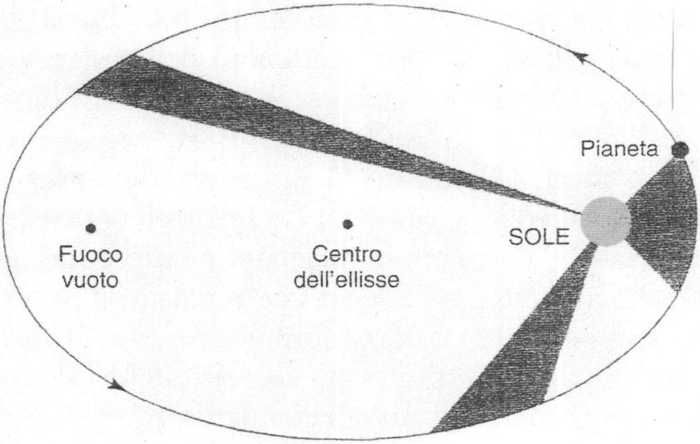

Figura 7. Orbite ellittiche; illustrazione della prima e seconda legge kepleriana (Da: *Storia dell'astonomia di Cambrige*, cit., p. 44).

La terza legge fu trovata da Keplero solo 9 anni dopo le prime due. Egli si domandava se esistesse una qualche correlazione fra i moti dei vari pianeti. Si sapeva che i più vicini alla Terra e al Sole si muovevano più rapidamente di quelli più lontani, ma Keplero arrivò infine ad esprimere queste osservazioni in forma matematica: il rapporto fra il cubo del semiasse maggiore dell'orbita e il quadrato del periodo di rivoluzione è lo stesso per tutti i pianeti. È una legge empirica, ricavata cioè dalle osservazioni, senza capirne la ragione fisica e valida solo nel caso che la massa dei pianeti sia trascurabile rispetto a quella del Sole. Le tre leggi di Keplero dicono dunque come si muovono i pianeti, ma non ne spiegano il perché. La spiegazione generale fu trovata più di mezzo secolo dopo da Newton con la sua legge della gravitazione universale, e il suo colpo di genio è stato l'aver capito che la stessa forza che fa cadere i corpi a terra è quella che tiene in orbita la Luna attorno alla Terra, la Terra e i pianeti attorno al Sole.

Isaac Newton (1642-1727) nasce lo stesso anno in cui muore Galileo a Woolsthorpe nel Lincolnshire. Studente presso il Trinity College a Cambridge, nel 1667 vi ottenne la carica di professore di matematica, impiego che mantenne fino al 1701 quando decise di ritirarsi per dedicarsi soltanto ai suoi studi. Divenne noto alla comunità scientifica per l'invenzione del telescopio riflettore che porta il suo nome.

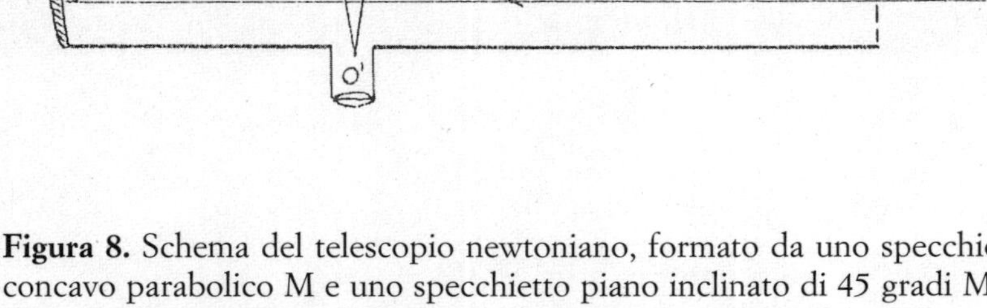

Figura 8. Schema del telescopio newtoniano, formato da uno specchio concavo parabolico M e uno specchietto piano inclinato di 45 gradi M^1 rispetto all'asse del paraboloide. (Da: G. Gamow, *Biography of physics*, cit., p. 74.)

Esso è composto solo da specchi e pertanto non ha le aberrazioni cromatiche tipiche dei rifrattori, dovute al fatto che quando un fascio di luce bianca passa attraverso una lente di vetro viene scomposto nelle sue componenti monocromatiche – i colori dell'arcobaleno – e il fuoco violetto è leggermente spostato rispetto al fuoco rosso, producendo così immagini meno nitide.

Le sue esperienze di ottica hanno aperto la strada alla nuova astronomia. Non solo per l'invenzione del telescopio ma anche per aver capito che la luce bianca non è semplice ma composta di tutte le luci colorate che appaiono nell'arcobaleno, dal rosso al violetto, e l'avere ottenuto il primo spettro di un corpo celeste, quello di Venere. Stava per nascere quello che è il più potente mezzo per conoscere la natura fisica di corpi intangibili come le stelle, la tecnica spettroscopica, che ha trasformato l'astronomia in astrofisica. Newton osservò che interponendo un prisma di vetro sul fascio di raggi provenienti da Venere, l'immagine del pianeta era sostituita da una strisciolina colorata dal rosso al violetto: appunto lo spettro. Fece lo stesso col sole e vide che l'immagine era un disco bianco con i bordi colorati, e capì che la parte bianca era dovuta al sovrapporsi delle varie immagini colorate, per cui si vedevano solo i bordi rosso e violetto delle due immagini estreme. Allora diaframmò l'immagine bianca del disco solare facendo passare la luce attraverso una sottile fenditura ottenendo così una striscia colorata, formata da una successione di immagini della fenditura, quello che oggi si chiama lo spettro del sole.

Ma gli importanti studi ed esperimenti sulla luce passano in secondo piano rispetto a quella che è stata la sua legge di gravitazione universale.

Già Copernico aveva parlato di mutua attrazione fra le varie parti della Terra per spiegarne la forma sferica, e così pure per gli altri pianeti e tutti i corpi celesti la mutua attrazione avrebbe compresso le particelle di materia a formare una sfera – un'idea non troppo diversa dalle moderne teorie sulla formazione delle stelle.

Anche Keplero parla della gravità come la tendenza dei corpi aventi origine comune ad attrarsi e congiungersi. Per esempio le maree erano la prova che la Luna attrae l'acqua della Terra; e se la Terra smettesse di attrarle, tutta l'acqua fluirebbe verso la Luna. Però questa forza attrattiva era paragonata a una specie di forza magnetica e non aveva niente a che fare col moto orbitale. Il Sole non avrebbe esercitato alcuna forza attrattiva ma solo trascinato i pianeti con la sua rotazione.

Come fece Newton ad arrivare alla formulazione della legge di gravità? Nei suoi *Philosophiae naturalis principia matemathica* del 1686 Newton osserva che «se si scaglia un sasso, questo, per l'azione del suo stesso peso, è condotto fuori dalla traiettoria rettilinea che esso seguirebbe per la spinta iniziale e descrive una traiettoria curvilinea in aria prima di cadere al suolo, e quanto maggiore è la velocità di lancio, tanto maggiore sarà il suo percorso prima di raggiungere il suolo.» Supponendo di aumentare a sufficienza la velocità, esso andrà a cadere sempre più lontano fino a superare i limiti della Terra, e descrivere un intero giro e infine ricadere sulla montagna da cui era stato lanciato (come si vede nella Figura 9). «Ma se ora immaginiamo di lanciare dei corpi parallelamente all'orizzonte da altezze ancora maggiori, 5, 10, 100, 1000 o più miglia o anche pari a molti raggi terrestri, questi corpi a seconda delle loro diverse velocità e della diversa forza di gravità a differenti altezze, descriveranno archi sia concentrici con la Terra o con varie eccentricità e seguiteranno a girare nei cieli in quelle orbite come fanno i pianeti nelle loro orbite». Dunque Newton aveva già immaginato la possibilità, per allora soltanto teorica, di mettere in orbita dei satelliti artificiali.

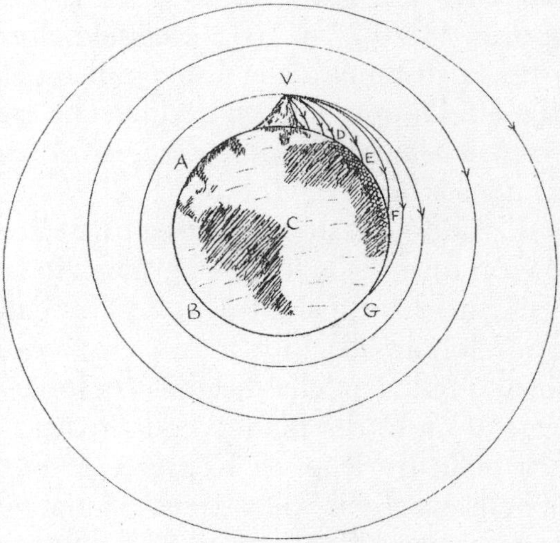

Figura 9. Principio del satellite artificiale: un proiettile lanciato dalla cima di una montagna su una traiettoria parallela alla superficie terrestre ricadrà sempre più lontano quanto maggiore è la sua velocità. Come caso limite, se la velocità è abbastanza grande il proiettile non incontra più la superficie terrestre ma comincia a orbitare attorno alla Terra, come in caduta continua. (Adattamento dal disegno originale contenuto nei *Principia* di Newton). (Da: G. Gamow, *Biography of physics*, cit., p. 59.)

Ma non c'era ancora la relazione matematica in grado di esprimere quantitativamente la forza di gravità. Il ragionamento di Newton è il seguente: poniamo la Luna al posto del sasso, allora il suo moto attorno alla Terra può essere considerato una caduta senza fine, secondo le leggi del moto accelerato. Queste leggi le aveva determinate Galileo con i suoi esperimenti di caduta di una palla lungo un piano inclinato e aveva trovato che la velocità di un corpo in caduta libera aumenta di 981 cm/sec ogni secondo. L'analogo valore alla distanza della Luna, determinato grazie a semplici considerazioni geometriche, risulta di 0,27 cm/sec ogni secondo. (Vedi Figura 10).

Il rapporto 981/0,27 = 3633 è eguale al quadrato del rapporto fra la distanza della Luna e il raggio terrestre, che è pari a 60. Di qui Newton deduce che «*le forze della gravità terrestre decrescono come l'inverso del quadrato della distanza dal centro della Terra*».

Generalizzando questo risultato a tutti i corpi nell'universo, Newton formula la legge di gravitazione universale, secondo cui tutti i corpi si attraggono l'un l'altro con una forza proporzionale alla loro massa e inversamente proporzionale al quadrato della distanza fra loro. Applicando questa legge al moto dei pianeti egli ritrova l'espressione matematica delle tre leggi di Keplero. In realtà Newton dapprima pensava che il Sole attraesse i pianeti e che questi fossero semplicemente attratti. Poi, il fatto che anche i quattro satelliti di Giove descrivono orbite intorno al pianeta obbedendo alle leggi di Keplero, e che lo stesso accadeva per il satellite di Saturno, Titano, scoperto nel 1655, lo portò alla conclusione che come Giove e Saturno attraggono i loro satelliti, devono attrarre anche il Sole, da cui la conclusione che l'attrazione fra i corpi è reciproca.

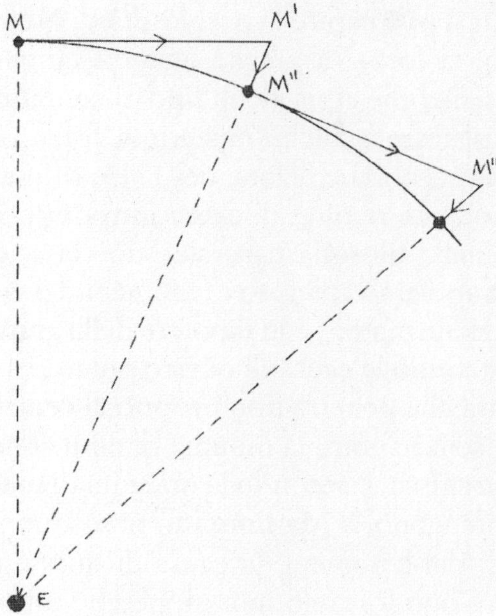

Figura 10. Accelerazione di gravità e legge newtoniana di gravitazione. Consideriamo il moto circolare della Luna attorno alla Terra come una caduta continua. A causa della continua attrazione della Terra la Luna si muove lungo l'orbita. Possiamo scomporre la sua velocità nelle due componenti MM' e M'M". Si trova facilmente che l'accelerazione dovuta alla forza di gravità che tiene la Luna nella sua orbita circolare è data da $(MM'/EM)^2 \times EM$. MM'/EM è la velocità angolare della Luna (uguale a $2\pi/2335380 = 2{,}69\ 10^{-6}$ in radianti al secondo), diviso la distanza Terra-Luna (pari a 384.400 km o $3{,}844\ 10^{10}$ cm). Ne risulta che l'accelerazione di gravità da parte della Terra alla distanza della Luna è 0,27 cm/sec^2, molto minore dell'accelerazione di gravità alla superficie della Terra di 981 cm/sec^2. Poiché il rapporto 981/0,27 = 3633 è esattamente eguale al quadrato del rapporto della distanza Terra-Luna e il raggio della Terra, Newton dedusse che la forza di gravità terrestre decresce con l'inverso del quadrato della distanza dal centro della Terra. (Da: G. Gamow, *Biography of physics*, cit., p. 61.)

Certo si può capire la perplessità di Newton per questo risultato: la forza di gravità agisce istantaneamente a distanza, senza che ci sia alcun tipo di contatto materiale, come se esistesse qualche misteriosa forza occulta, ma nei *Principia*, seconda edizione del 1713, rifiuta le critiche che gli erano state rivolte, di avere introdotto delle proprietà occulte nella filosofia naturale (cioè la scienza), e scrive: «Finora abbiamo spiegato i fenomeni dei cieli e del nostro mare [cioè le maree] con il potere della gravità, ma non abbiamo stabilito la causa di questo potere... [che deriva da] una causa che penetra fino proprio al centro del sole e dei pianeti, senza subire la minima diminuzione della sua forza... che agisce... secondo la quantità di materia solida che essi contengono... Ma finora io non sono stato capace di dedurre, dai fenomeni, la causa di queste proprietà della gravità, e non formulo ipotesi, perché tutto ciò che non è dedotto dai fenomeni, va chiamato ipotesi; e le ipotesi, siano metafisiche o fisiche, di qualità occulta o meccanica, non hanno posto nella filosofia sperimentale...»

Da queste parole appare la modernità di Newton. Il principio seguito oggi dalla scienza consiste nel cercare di scoprire le leggi della natura, le leggi che regolano l'universo, la Terra, il nostro stesso corpo, tramite le osservazioni e gli esperimenti, ma non di spiegare perché ci sono queste leggi e non altre o quale sia la causa primaria di tutto ciò che esiste.

Le perplessità sull'azione istantanea a distanza della gravità dovevano essere fugate due secoli dopo dalla nuova interpretazione che ne dette Einstein: la presenza di un corpo, come il Sole o un pianeta, distorce lo spazio, che in assenza di materia è piano, mentre un corpo crea in esso una specie di imbuto, un po' come farebbe una palla di ferro poggiata su un tappeto di gomma.

Un'importante applicazione della legge di gravità – come diceva Newton – è stata la spiegazione delle maree, e una splendida conferma è venuta dalla cometa di Halley.

Poiché la forza di gravità decresce con il quadrato della distanza dal Sole, l'attrazione esercitata sugli oceani nella parte del globo illuminata dal Sole è un po' più grande di quella agente sul corpo solido nel fondo dell'oceano. Analogamente la forza agente sugli oceani nella parte opposta del globo, in cui è notte, è maggiore sul fondo solido dell'oceano che sulla superficie dell'acqua. Ne risulta un innalzamento della superficie liquida nell'emisfero in cui è giorno mentre nell'emisfero in cui è notte è il fondo che attratto verso il Sole si allontana dalla superficie dell'acqua. In ogni caso l'effetto osservabile è in tutti e due i casi un innalzamento della massa liquida. Per effetto della rotazione della Terra i due rigonfiamenti delle acque si spostano intorno al globo in 24 ore. Poi la situazione è complicata da un analogo effetto dovuto all'attrazione lunare. Anzi, le maree prodotte dall'attrazione lunare sono più alte di quelle solari, perché, malgrado la massa della Luna sia tanto più piccola di quella del Sole, è molto più vicina.

Alcuni contemporanei di Newton

All'amico di Newton, Edmund Halley (1656-1742), va il merito di aver trovato una straordinaria verifica della legge di gravità e la conferma che le comete fanno parte del sistema solare. Halley aveva calcolato le orbite di numerose comete, e si accorse che quelle osservate nel 1456, nel 1531, nel 1607 e nel 1682 percorrevano la stessa orbita, ed erano perciò la stessa cometa avente un periodo di circa 76 anni. Previde che il successivo passaggio sarebbe avvenuto nel 1758, il che avvenne puntualmente. Purtroppo non ebbe la soddisfazione di poterla osservare essendo morto sedici anni prima. Da varie fonti storiche è stato possibile ricostruire i tanti passaggi a partire dal 241 a.C. Si ritiene che la cometa raffigurata nel dipinto di Giotto esposto nella Cappella degli Scrovegni a Padova sia proprio la cometa di Halley al suo passaggio nel 1301. In suo onore, la sonda dell'Agenzia spaziale europea che fu lanciata nel 1986 e che arrivò puntualissima all'appuntamento con la cometa, fu chiamata «Giotto». Essa ci ha inviato le immagini del nucleo prese da una distanza di appena 500 km. Il penultimo passaggio avvenne nel 1910 e il prossimo avverrà nel 2061.

Fino alla fine del Settecento i pianeti conosciuti del sistema solare erano sei: Mercurio, Venere, Terra, Marte, Giove e Saturno. Urano è stato il primo pianeta scoperto nel 1781 da William Herschel (1738-1822) grazie all'ausilio del telescopio e precisamente di un riflettore che si era costruito da solo, artigianalmente. Dapprima pensò che si trattasse di una stella mai osservata prima, ma il suo aspetto era un po' diverso, non era proprio puntiforme come le stelle. Forse poteva trattarsi di una cometa; in tal caso l'avrebbe dovuta vedere spostarsi fra le stelle. Perciò continuò le osservazioni e vide che difatti si spostava. Comunicò la sua scoperta all'Astronomo Reale e ad altri, e dopo alcuni mesi fu possibile determinare l'orbita e capire che si trattava di un pianeta orbitante a una distanza dal Sole pari a 19 volte la distanza a cui orbita la Terra: era quindi un nuovo pianeta, più lontano di Saturno che orbita a una distanza di circa 10 volte quella della Terra.

Intanto un certo professore di Oxford – David Gregory (1659-1708) – aveva notato che le distanze planetarie erano all'incirca proporzionali ai numeri 4, 7, 10, 15, 52, 95. Un professore di fisica all'università di Wittenberg, noto come Titius (1729-1796) modificò la sequenza, ottenendo dei valori più vicini alla realtà, nel modo seguente: 4, 4+3, 4+6, 4+12, 4+48, 4+96. Nella sequenza manca il termine 4+24, a cui non corrisponde nessun pianeta. Johann Elert Bode (1747-1826), venuto a conoscenza della sequenza di Titius, che poi è passata alla storia come la legge di Titius-Bode, era convinto che il Creatore non poteva avere lasciato un vuoto fra Marte e Giove e ci doveva essere un pianeta non ancora scoperto. Toccò a Giuseppe Piazzi (1746-1826) direttore dell'osservatorio di Palermo di scoprirlo il primo gennaio del 1801: era il primo di quell'affollata fascia di pianetini situata fra Marte e Giove a una distanza dal Sole di circa 4+24, pari a 2,8 volte la distanza della Terra dal Sole (dove la distanza della Terra nella sequenza è data da 4+6=10). Fu chiamato Cerere, la dea protettrice della Sicilia.

Quando anche l'orbita di Urano fu determinata si vide che anch'esso soddisfaceva alla sequenza empirica di Titius-Bode: 4+192, la distanza di Urano è infatti pari a circa 19,6 volte la distanza Terra-Sole.

La legge di gravitazione ha permesso di scoprire l'ultimo dei pianeti giganti: Nettuno.

Mentre Urano e Cerere furono scoperti per caso, grazie alle osservazioni rispettivamente di Herschel e di Piazzi, la presenza di un pianeta oltre Urano fu prevista teoricamente dalle perturbazioni al moto di Urano. La scoperta fu fatta indipendentemente da quelli che oggi chiameremmo «astronomi teorici», Urbain Jean Joseph Le Verrier (1811-1877) e John Adams (1819-1892). Alcuni osservatori avevano notato che Urano si discostava dall'orbita prevista, a volte sembrava accelerare, a volte ritardare rispetto alle previsioni. Le Verrier arrivò a stabilire la presenza e anche l'orbita di un pianeta più esterno, indicando la posizione dove andarlo a cercare. In particolare scrisse a un astronomo tedesco, Johann Galle, pregandolo di osservare col grande rifrattore dell'osservatorio di Berlino la regione in cui, secondo i suoi calcoli, doveva trovarsi il disturbatore di Urano. Appena ricevuta la lettera di Le Verrier, il 23 settembre 1846, Galle trovò una stella di ottava magnitudine (il che significa circa sei volte più debole delle stelle meno luminose visibili a occhio nudo) che non era presente nelle mappe stellari. Era il pianeta cercato, che fu chiamato Nettuno. Nel frattempo anche Adams, un giovane studente di matematica a Cambridge, aveva affrontato lo stesso problema e nel settembre 1845 aveva comunicato il risultato dei suoi calcoli all'Astronomo Reale, Sir George Airy (1801-1892) e a James Challis (1803-1882) direttore dell'osservatorio di Cambridge. Nessuno dei due astronomi prese in considerazione il lavoro del ventiseienne Adams, ma soltanto quando Le Verrier pubblicò i suoi calcoli sull'orbita del pianeta sconosciuto, che erano in ottimo accordo con quelli di Adams, Challis si decise a fare alcune osservazioni.

Un altro grande scienziato contemporaneo di Newton fu l'olandese Christiaan Huygens (1629-1695) che aveva sviluppato una teoria ondulatoria della luce, a differenza di Newton che considerava la luce fatta di corpuscoli materiali. Huygens pubblica la sua teoria nel 1690. Secondo lui la luce è un moto ondoso che si propaga attraverso l'etere, il quale spiegherebbe anche i fenomeni della riflessione e rifrazione. Newton invece riteneva che dei fasci di corpuscoli luminosi inclinati rispetto a una superficie di acqua o di vetro fossero attratti verso la normale ad essa a causa della maggior densità della materia rispetto all'aria. Di conseguenza per Newton lo spazio è vuoto o semivuoto e i corpuscoli come i pianeti non vengono ostacolati nel loro moto. Per Huygens invece lo spazio doveva essere riempito di etere e la rifrazione era causata dalla minore velocità delle onde nell'acqua o nel vetro rispetto alla velocità nell'etere. Oggi sappiamo che in realtà avevano ragione tutti e due, e che le onde elettromagnetiche si propagano anche nel vuoto e i fenomeni ad esse collegati si spiegano solo ammettendo che la luce sia composta di quantità indivisibili – fotoni o quanti di luce – corpuscoli immateriali.

Ad un altro contemporaneo di Newton, il danese Ole Roemer (1644-1710) si deve la prima misura della velocità della luce. Numerose osservazioni dei satelliti di Giove – i pianeti medicei scoperti da Galileo – e le loro eclissi dietro il pianeta furono fatte da vari astronomi e l'italiano Gian Domenico Cassini (1625-1712), direttore dell'osservatorio di Parigi, nel 1668 fece una completa teoria dei loro moti e pubblicò tabelle che davano le loro posizioni a varie epoche. Notò che le epoche delle eclissi del satellite più rapido, osservate quando Giove era alla massima distanza dalla Terra, avvenivano con un ritardo di circa 10 minuti rispetto a quelle misurate quando Giove era alla minima distanza. Roemer, che si trovava a Parigi nel 1675, ne dedusse che la velocità della luce è finita e pari a 225.000 km/sec, valore derivato usando la misura allora accettata per la distanza Terra-Sole, distanza praticamente costante, visto che l'orbita della Terra è quasi circolare, ed è detta unità astronomica (Ua). Usando il valore attuale per la distanza Sole-Terra, col calcolo di Roemer si trova una velocità di 298.000 km/sec, in buon accordo con il valore moderno di 299.792 km/sec.

Tentativi di misurare la distanza delle stelle confrontando la loro luminosità con quella del Sole erano stati fatti già da Newton, che li aveva pubblicati in un libretto intitolato *De mundi systemate* uscito solo nel 1728, un anno dopo la sua morte. Ammettendo che le stelle avessero lo stesso splendore intrinseco o assoluto (cioè non dipendente dalla distanza ma dall'energia propria dell'astro) del Sole, ipotesi abbastanza plausibile, e tenendo conto della legge secondo cui lo splendore apparente di una sorgente luminosa diminuisce col crescere del quadrato della distanza dall'osservatore, scoprì che Sirio ha una distanza di circa un milione di volte quella del Sole. In realtà Sirio si trova a una distanza molto minore, circa 60.000 volte quella del Sole, ed è circa 25 volte intrinsecamente più brillante. Comunque date le grandi distanze delle stelle, l'attrazione gravitazionale di una sull'altra doveva essere minima. Questo era un risultato molto importante per Newton, perché egli si chiedeva come mai l'universo non collassasse su se stesso sotto la spinta della propria gravità. Newton si immaginava che se le stelle fossero state vicine si sarebbero attratte gravitazionalmente cadendo una sull'altra e tutto l'universo avrebbe dovuto collassare sotto il proprio peso. Ma come nel sistema solare i pianeti non cadono sul Sole perché orbitano attorno ad esso e la forza centrifuga equilibra la forza di gravità (se la Terra improvvisamente si fermasse cadrebbe sul Sole), in realtà anche le stelle della Via lattea orbitano tutte attorno al centro della Via lattea, e questa, con le altre galassie del Gruppo Locale di galassie, orbitano tutte attorno al comune baricentro.

Il Settecento vede anche il nascere e lo svilupparsi di numerosi osservatori e nuovi telescopi che rendono possibili accurate misure delle posizioni delle stelle e loro variazioni.

Già ai tempi di Galileo gli oppositori della teoria copernicana obiettavano che se fosse realmente la Terra a orbitare attorno al Sole e non viceversa si sarebbero dovuti osservare degli apparenti spostamenti nella posizione delle stelle nel corso dell'anno, causati dal cambiamento di posizione dell'osservatore – i cosiddetti spostamenti parallattici.*

I sostenitori della teoria copernicana rispondevano, giustamente, che le distanze stellari erano probabilmente tanto grandi da rendere questo effetto non apprezzabile. In effetti la prima parallasse stellare fu misurata solo nel 1838 da Friedrich Wilhelm Bessel (1784-1846). Il principio è identico a quello che i geologi usano sulla Terra per disegnare mappe e carte geografiche. Si misura con la rotella metrica una base di qualche decina di metri, ai cui

---

* Si chiama parallasse lo spostamento apparente di un oggetto vicino rispetto ad uno sfondo più lontano quando osservato da due punti diversi. In particolare la parallasse di una stella è lo spostamento apparente della stella in cielo quando la si osserva da punti diversi dell'orbita. Il massimo effetto lo avremo quando ci si trova in punti diametralmente opposti dell'orbita e quindi a distanza di 6 mesi fra l'una e l'altra osservazione.

estremi sono disposti due paletti verticali su cui è montato un teodolite (cioè un cannocchiale posto su un supporto girevole di 360 gradi). Con uno dei teodoliti si traguarda l'altro paletto e poi l'oggetto lontano, per esempio un campanile situato a qualche chilometro. In questo modo si misura l'angolo fra la base e la retta immaginaria che va dal paletto al campanile. Si ripete poi la stessa operazione con l'altro teodolite montato sull'altro paletto.

Figura 11. Misura della parallasse Misurando la posizione di una stella relativamente vicina rispetto allo sfondo di stelle molto lontane, la cui parallasse è praticamente zero, si vede come cambia a distanza di 6 mesi. Si chiama parallasse l'angolo sotto cui dalla stella si vedrebbe il semidiametro dell'orbita terrestre. (Da: *Storia dell'astronomia di Cambridge*, cit., p. 165.)

In questo modo abbiamo misurato la base e i due angoli alla base di un triangolo avente per vertici i due paletti e il campanile. La geometria elementare ci dice che il triangolo è risolto e tutti i suoi elementi sono noti, quindi anche l'altezza rispetto alla base, cioè la distanza del campanile. Nelle triangolazioni terrestri la distanza da misurare è di qualche centinaio di volte la lunghezza della base. Nelle misure di parallasse stellare, si calcola la posizione di una stella a una data epoca e poi si ripete la misura sei mesi dopo quando la Terra si trova in posizione diametralmente opposta; quindi la base è il doppio della distanza sole-Terra, circa 300 milioni di km, mentre la distanza della stella più vicina è più di 40mila miliardi di km, più di centomila volte la base. Il risultato è che l'angolo al vertice del triangolo (la cui metà si chiama parallasse ed è l'angolo sotto cui dalla stella si vede il raggio dell'orbita terrestre) è sempre molto piccolo, in questo caso particolare 1,49 secondi d'arco, e quindi molto difficile da misurare. In realtà non si fanno misure assolute di posizione, ma misure relative rispetto a stelle molto più deboli e lontane, per cui l'effetto di parallasse è completamente trascurabile. Però anche facendo misure relative e con i moderni strumenti è praticamente impossibile misurare parallassi più piccole di qualche millesimo di secondo d'arco, che corrisponde a distanze superiori a un migliaio di anni luce.

Come vedremo parlando della nuova astronomia – l'astrofisica – cioè lo studio delle proprietà fisiche delle stelle, dall'analisi della luce che esse emettono è possibile risalire al loro splendore intrinseco, e misurando lo splendore apparente, che è tanto più debole quanto maggiore è la distanza, è possibile risalire a quest'ultima.

Si definisce l'unità di misura delle distanze stellari, *parsec*, come la distanza da cui si vedrebbe il raggio dell'orbita terrestre sotto l'angolo di un secondo d'arco. Un parsec equivale a 3,26 anni luce.

Riportando tutte le posizioni osservate per una data stella nel corso dell'anno, si ottiene un'ellisse, il cui semiasse maggiore – parallelo alla direzione dell'asse maggiore dell'orbita terrestre – è la parallasse, e l'ellisse rappresenta, per così dire, la riflessione in cielo del moto della Terra.

Un secolo prima che Bessel riuscisse a misurare le parallassi stellari, stava tentando lo stesso calcolo James Bradley (1693-1762), astronomo reale succeduto a Halley. In effetti egli riuscì a scoprire degli spostamenti nella posizione delle stelle aventi una periodicità annuale. Come nel caso delle parallassi, riportando le posizioni osservate per le stelle nel corso di un anno si otteneva un'ellisse, ma tutte le ellissi, a differenza di quelle parallattiche, dipendenti dalla distanza della stella, davano lo stesso valore per l'asse maggiore, 41 secondi d'arco, un valore trenta volte maggiore di quello trovato per Proxima Centauri, la stella più vicina. Le ellissi sono quasi circolari per stelle situate in vicinanza dei poli dell'eclittica e si riducono a un segmento per stelle situate sull'eclittica. Bradley capì che questo apparente spostamento delle stelle era dovuto al combinarsi in direzione della velocità della luce proveniente dalla stella con quella orbitale della Terra. Il fenomeno chiamato «aberrazione della luce» fu comunicato alla Royal Society nel 1729.

Oltre a questi moti apparenti delle stelle, ci si cominciava a chiedere se le stelle fisse, che mantenevano invariate le loro posizioni relative, fossero veramente fisse. Fu Edmund Halley, più noto per la cometa che porta il suo nome, a scoprire i moti propri delle stelle. Confrontando le posizioni date da Ipparco con quelle moderne notò delle differenze non spiegabili con la precessione e gli errori di osservazione.

Jacques Cassini (1677-1756), figlio di Gian Domenico e succeduto a lui nella direzione dell'Osservatorio di Parigi (si vede che anche allora era di moda il «familismo») confermò i risultati di Halley. Infine l'accumularsi di sempre nuove determinazioni di moti propri permise di stabilire la direzione verso cui si stava muovendo il Sole.

William Herschel e la Via lattea

Le prime misure dirette delle distanze stellari grazie al metodo delle parallassi stavano spostando gli interessi degli astronomi dal sistema solare – che aveva rappresentato l'universo degli antichi – a un universo incomparabilmente più esteso e di cui si sapeva ben poco.

Galileo, osservando quella striscia biancastra che traversa tutto il cielo (la nostra Via lattea o Galassia) e che gli antichi greci avevano chiamato Galaxias kuklos – circolo latteo – capì che la sua apparenza era dovuta all'ammassarsi lungo di essa di un incalcolabile numero di stelle.

Wilhelm Friedrich Herschel (1738-1822) nato ad Hannover ma poi stabilitosi in Inghilterra dove era conosciuto come William, è stato quello che oggi chiameremmo un astrofilo appassionato. Trasmise la sua passione per lo studio del cielo alla sorella Caroline (1750-1848) e poi al figlio John (1782-1871). Caroline oltre ad aver collaborato col fratello, scoprì molte nebulose e compilò un catalogo di 2500 nebulose e ammassi stellari; John si occupò di chimica e inventò alcune tecniche fotografiche e pubblicò un libro divulgativo *Outlines of Astronomy*. Ma è a William che si devono i maggiori contributi, e in particolare gli studi sulla struttura della Via lattea.

A lui si deve la scoperta di numerose stelle doppie – cioè coppie di stelle legate gravitazionalmente, orbitanti attorno al comune baricentro. La prima stella doppia, ζ Ursae Maioris, era stata scoperta nel 1650 da Giovanni Battista Riccioli (1598-1671), ma solo nel 1767 John Michell (1734-1793) affermò che le stelle doppie erano troppo numerose per pensare che si trattasse solo di oggetti lontani l'uno dall'altro ma allineati lungo la stessa visuale, e che invece dovevano essere legate fisicamente. William Herschel misurò le posizioni relative di stelle membri di una doppia, confermando l'intuizione di Michell, mostrando che la stella più debole orbitava attorno alla più luminosa, o che ambedue orbitavano attorno al loro comune centro di gravità, ottenendo ancora una conferma della legge di gravitazione di Newton e della sua universalità.

Come le stelle, i cui moti propri erano noti per alcune decine di oggetti, anche il Sole doveva avere un suo moto proprio, verso un punto che chiamò «apice» e che doveva essere in direzione opposta a quella verso cui sembravano muoversi in media le stelle. Stabilì che l'apice doveva essere in direzione della stella λ Herculis.

Nel corso delle sue osservazioni Herschel trovò numerose nebulose, molte delle quali, osservate con telescopi più potenti, si rivelavano come ammassi fitti di migliaia di stelle. Pubblicò tre cataloghi di nebulose e ammassi stellari, il primo nel 1786, elencava un migliaio di oggetti, altrettanti nel secondo uscito nel 1789 e altri 500 nel terzo uscito nel 1802.

L'accumularsi di osservazioni di stelle e nebulose riproponeva antiche domande che attendevano nuove risposte. Quanto è grande l'universo? Contiene un gran numero di ammassi stellari o la Via lattea abbraccia tutto l'universo? Nel 1750, nel suo *An original theory or new hypothesis of the universe*, il filosofo Thomas Wright (1711-1786) sosteneva che quella che noi vediamo come Via lattea, fosse la proiezione di un sistema gigantesco estendentesi nel piano della fascia luminosa (fosse cioè l'intersezione con la volta celeste di un disco di raggio enormemente grande), e anche Kant la pensava così. Nel 1761 l'alsaziano Johann Heinrich Lambert (1728-1777) pensava che le migliaia di stelle circondanti il Sole costituissero un sistema e che la Via lattea contenesse molte altre formazioni analoghe e rappresentasse un sistema di ordine superiore. A sua volta potevano darsi molti altri «agglomerati» come la Via lattea facenti parte di un sistema di ordine ancora più grande. È un'idea non troppo diversa da quello che ci insegnano le nostre moderne osservazioni, secondo cui l'universo ha una struttura gerarchica – galassie, ammassi di galassie, superammassi.

Naturalmente tutte queste opinioni erano pura speculazione. Herschel fu il primo a cercare di determinare la struttura della Via lattea partendo dalle osservazioni.

In due articoli *On the construction of the Heavens* pubblicati nel 1784 e 1785 Herschel scriveva: «Dirigendo il telescopio su una parte della Via lattea trovai che l'apparenza biancastra è completamente risolta in tante stelline». Perciò per studiare la Via lattea bisognava cominciare a contare le stelle. Egli fece due ipotesi: che le stelle avessero tutte più o meno la stessa luminosità e che fossero distribuite più o meno tutte alla stessa distanza l'una dall'altra. Così, dal conteggio di stelle visibili nel campo del telescopio, poteva dedurre quanto era estesa la Via lattea in quella direzione. Fece qualcosa come 3000 conteggi in 400 direzioni, e trovò che la Via lattea nel piano di maggior addensamento di stelle è estesa circa 800 volte la distanza media di una stella dall'altra, e in direzione perpendicolare solo 150 volte. Per distanza media di una stella dall'altra assumeva la distanza di Sirio o di Arturo dal Sole.

Quanto erano accettabili le ipotesi fatte da Herschel? Oggi sappiamo che la luminosità delle stelle è compresa fra circa 10.000 volte quella solare per le più brillanti e 1/10.000 di quella solare per le più deboli, ma le prime sono molto meno numerose mentre le seconde rappresentano di gran lunga la maggioranza, ma solo le più vicine sono ancora osservabili, perciò nella media su un gran numero di oggetti prevalgono quelle di splendore intermedio, come il Sole. Il rapporto fra diametro del disco e il suo spessore di 800/150 è molto più piccolo del valore dato dalle misure moderne che è circa dieci volte più grande, cioè la Via lattea è un disco molto più schiacciato di quanto stimato da Herschel. Assumendo per la distanza media fra una stella e l'altra il valore dedotto fotometricamente da Newton, cioè un milione di volte la distanza della Terra dal Sole, il diametro della Via lattea secondo Herschel sarebbe pari a 800 milioni di volte la distanza Terra-sole o circa 14.000 anni luce, invece del valore modernamente accettato di circa 100.000 anni luce.

Herschel notò anche che il numero di stelle per grado quadrato contate sul disco cresceva al diminuire dello splendore – e quindi al crescere della distanza – in modo eguale in tutte le direzioni. Da qui dedusse che il Sole doveva trovarsi al centro del disco galattico.

Più di un secolo dopo l'olandese Jacobus Cornelius Kapteyn (1851-1922) ripeteva le osservazioni fatte da Herschel per determinare forma e dimensioni della Via lattea, disponendo ora di dati più attendibili sia sulla distribuzione delle stelle nello spazio che sulle loro diverse luminosità. Kapteyn confermò la forma a disco e anche la posizione centrale del Sole.

Ancora una volta si ripeteva un errore analogo a quello di qualche secolo prima che voleva la Terra al centro del sistema solare e di quello che era considerato l'universo, ponendo stavolta il Sole e il sistema solare al centro della Via lattea. Ma ora l'errore non era più dovuto a religiose superstizioni, che dovevano dare all'uomo, in quanto creatura prediletta di Dio, un posto al centro dell'universo, ma al fatto che sia Herschel che Kapteyn ignoravano che nello spazio interstellare, e soprattutto addensata sul disco, c'è come una nebbiolina, che diffonde la luce delle stelle: sono le polveri interstellari, minuscole particelle solide composte prevalentemente di grafite e silicati, che saranno scoperte solo nel 1930 dall'astronomo svizzero Robert Trumpler (1886-1956). Poiché sia il numero di stelle per grado quadrato, sia le polveri, crescono in direzione del centro e diminuiscono in direzione dell'anticentro (la parte più esterna della galassia e opposta al centro, rispetto all'osservatore), i conteggi stellari suggerivano che il numero di stelle crescesse uniformemente in tutte le direzioni per via delle polveri stellari che indeboliscono la luminosità delle stelle maggiormente in direzione del centro e molto meno nella direzione opposta, e quindi danno l'illusione che il Sole sia al centro del disco.

NASCE LA NUOVA ASTRONOMIA: L'ASTROFISICA

Per secoli gli astronomi avevano osservato le posizioni e i moti delle stelle e dei pianeti e ne avevano notato le tenui sfumature di colore, il rossastro di Marte, ma anche di Antares e Betelgeuse, il giallastro del Sole, ma anche di Capella o di Procione, il bianco di Sirio e di Vega, il bianco azzurrastro di Rigel o di Spica; si poteva supporre che le stelle fossero infocate come il Sole che col suo calore riscalda la Terra, ma non si aveva nessuna idea di quale fosse lo stato della materia e quale la composizione chimica.

Nel 1835 il filosofo francese Auguste Comte nel suo *Cours de philosophie positive* sottolineava che la scienza non è possibile se non è basata sugli esperimenti e a proposito dei corpi celesti scriveva: «Noi comprendiamo che sia possibile determinare le loro forme, le loro distanze, le loro dimensioni e i loro moti, mentre mai, con nessun mezzo, saremo capaci di studiare la loro composizione chimica, la loro struttura minerale, e certamente non la natura degli esseri viventi sulle loro superfici... Io seguito credere che ogni dato sulla vera temperatura media delle stelle rimarrà sempre sconosciuto». E invece si sbagliava di grosso perché era già nata la tecnologia in grado di dare una risposta a queste domande. È la spettroscopia, la scomposizione della luce bianca irradiata dalle stelle nelle sue componenti monocromatiche. Lo spettro di una stella è un «libro della natura» come l'avrebbe chiamato Galileo, in cui sono scritte tutte le informazioni sulla natura fisica e la composizione chimica delle stelle, e molto di più. È un libro che abbiamo imparato a leggere soprattutto nel corso del XX secolo, grazie agli sviluppi della fisica.

Ho già accennato al fatto che Newton avesse osservato lo spettro della luce solare riflessa dalla superficie di Venere e quindi scoperto la natura della luce bianca, composta da luci di tutti i colori a cui è sensibile il nostro occhio, dal rosso al violetto – una piccola porzione di quello spettro elettromagnetico che si estende dai raggi gamma e raggi X all'ultravioletto, e poi all'infrarosso e alle onde radio.

Il chimico inglese William Wollaston (1766-1828) ripeté gli esperimenti di Newton sulla luce solare, illuminando una sottile fenditura, larga circa un millimetro. Il fascio divergente di luce bianca veniva reso convergente con una lente biconvessa e inviato su un prisma di vetro. All'uscita dal prisma il fascio di luce bianca risultava scisso in una serie di fasci colorati che davano una serie di immagini colorate della fenditura. Era il primo spettroscopio.

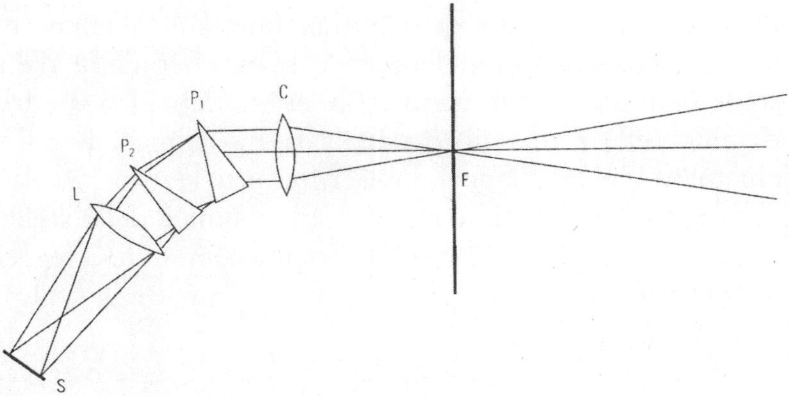

Figura 12. Schema di uno spettroscopio. La luce di una sorgente di luce bianca illumina una sottile fenditura F disposta parallelamente allo spigolo di uno o più prismi (due nella figura: P_1 e P_2). Il fascio divergente dei raggi uscenti dalla fenditura viene trasformato in un fascio di raggi paralleli dal «collimatore» C, cioè una lente convergente nel cui fuoco è posta la fenditura F. In questo modo il fascio investe la prima faccia del prisma senza disperdersi. Il passaggio della luce attraverso i prismi ha l'effetto di scomporre la luce bianca nelle sue componenti, perché la luce rossa viene deviata meno, e quella violetta di più, verso la base del prisma. Questa è una conseguenza del fatto che la velocità della luce nel vetro non è identica per tutti i colori. I vari fasci colorati escono dalla seconda faccia del prisma, o dei prismi, e una lente convergente L li fa convergere nel suo piano focale, dove si osservano tante immagini della fenditura quanti sono i colori, e cioè lo spettro S. Questo può essere osservato direttamente a occhio nudo o fotografato. (Da: M. Hack, *Vi racconto l'astronomia*, cit., p. 26.)

Wollaston osservò che la striscia colorata – lo spettro solare – era solcata da sette righe scure, parallele alla fenditura. Ipotizzò, allora, che le righe scure rappresentassero una specie di confine fra un colore e l'altro. L'ottico bavarese Joseph Fraunhofer (1787-1826) costruì un dispositivo simile a quello ideato da Wollaston, ma invece di andare a guardare lo spettro a occhio nudo, lo esaminò con un cannocchiale, e scoprì che le righe scure non erano solo sette, ma centinaia. Indicò le più forti con lettere maiuscole, C per una forte riga nel rosso brillante, D_1 e D_2 per due forti righe nel giallo, F per una nel verde azzurro e H e K per due fortissime righe nell'estremo violetto. Ancora oggi si usa indicare con la lettera D le righe dovute al sodio, portato allo stato gassoso e con H e K quelle dovute al calcio ionizzato, i cui atomi cioè hanno perso un elettrone, mentre per le righe C ed F dovute all'idrogeno si preferisce usare i nomi $H\alpha$ ed $H\beta$.

Per molto tempo le righe scure rimasero un mistero, che fu chiarito da un esperimento compiuto dal fisico tedesco Gustav Kirchhoff (1824-1887). Si era già notato che qualsiasi elemento portato allo stato gassoso dava luogo ad uno spettro di righe brillanti tipiche di quell'elemento, che costituivano per così dire, le sue impronte digitali, mentre un corpo solido portato all'incandescenza dava luogo ad uno spettro continuo dal rosso al violetto.

L'esperimento di Kirchhoff consisteva in questo: pose del gas sodio in un'ampolla e ne ottenne il tipico spettro caratterizzato dalle due forti righe nel giallo. Poi prese un metallo incandescente e ne ottenne lo spettro continuo. Infine collocò l'ampolla contenente il gas sodio fra il metallo incandescente e la fenditura dello spettroscopio: nello spettro continuo apparvero due righe scure nel giallo; togliendo il metallo incandescente ecco che riapparivano le due righe brillanti al posto delle righe scure. Kirchhoff capì che un gas ha la capacità di assorbire quelle stesse radiazioni che è in grado di emettere, e le righe scure presero il nome di righe di assorbimento.

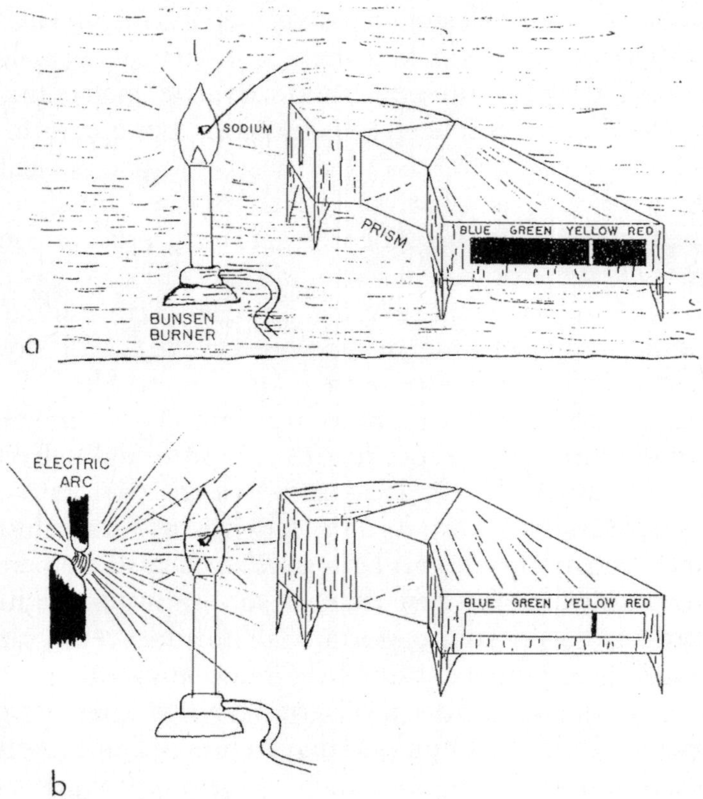

Figura 13. Esperimento di Kirkhhoff per spiegare le righe di assorbimento. Figura in alto a): la fenditura dello spettroscopio viene illuminata da gas sodio incandescente contenuto nell'ampolla; si ottiene uno spettro di righe brillanti. Nella figura in basso b) la fenditura è illuminata da una sorgente di luce bianca che da uno spettro continuo. Se si introduce l'ampolla col gas sodio fra la sorgente di luce bianca e la fenditura, nello spettro continuo appaiono delle righe scure nella stessa posizione in cui si vedevano le righe brillanti. (Da: G. Gamow, *Biography of physics*, cit., p. 120.)

Gesuita Angelo Secchi

Questa fu una grande scoperta perché offriva il modo di stabilire a quali elementi si potevano attribuire le righe presenti nello spettro solare e quindi la composizione chimica del Sole, smentendo le pessimistiche previsioni di Auguste Comte. Chimici e fisici si misero al lavoro per osservare in laboratorio gli spettri del maggior numero possibile di elementi, portati allo stato gassoso, e confrontarli con le righe scure presenti nello spettro del Sole. Nel 1891 si era riusciti ad identificare la presenza nel Sole di 36 elementi, provando in modo inconfutabile che Sole e Terra sono fatti della stessa pasta.

Sempre negli stessi anni, analoghe ricerche venivano fatte sulle stelle: un pioniere in questo campo è stato il gesuita Angelo Secchi (1818-1878) del Collegio romano, oltre all'inglese Sir William Huggins (1824-1910). Secchi aveva esaminato ad occhio (ancora la fotografia non era stata inventata) circa 400 spettri stellari.

Queste osservazioni erano lunghe, faticose e i risultati abbastanza soggettivi. Infatti l'astronomo, prima di iniziare le osservazioni, doveva abituare l'occhio all'oscurità, per poter discernere i dettagli di quelle deboli immagini, poi con una debole luce doveva ricordare e disegnare quello che aveva visto, e poi ricominciare. Quindi un procedimento lungo e un risultato dipendente dalla memoria visiva dell'osservatore e dalla sua abilità di disegnatore. L'impiego della fotografia, data la bassa sensibilità dei primi dagherrotipi e poi delle lastre al collodio, avvenne soltanto per il Sole, fino al 1880, quando cominciarono ad essere disponibili lastre di gelatina secca, abbastanza rapide ad impressionarsi da poter essere impiegate anche per fotografare gli spettri stellari. Comunque in base alle sue osservazioni visuali, Secchi fu in grado di stabilire una prima classificazione degli spettri stellari, trovando una relazione fra il colore delle stelle e il loro tipo spettrale. Si rese conto che il colore era un indice della temperatura superficiale delle stelle, grazie anche al parallelo con i metalli; si parla infatti di metalli al calor rosso o di metalli al calor bianco per indicare una minore o maggiore temperatura di fusione.

Secchi accertò che la grande maggioranza delle stelle può essere inclusa in quattro tipi spettrali:

– Il primo comprende stelle come Sirio o Vega, di colore bianco-azzurrastro, solcato da poche forti righe scure dovute all'idrogeno e un massimo di intensità dello spettro continuo nell'azzurro-violetto.
– Il secondo tipo comprende stelle di colore giallastro, come Capella, Procione, Arturo, un continuo col massimo di intensità nel giallo-verde e solcato da numerosissime sottili righe scure. Anche lo spettro solare rientra in questo tipo.
– Il terzo tipo comprende stelle di colore arancio-rossastro come Aldebaran, un massimo di intensità nel giallo-rosso e oltre a molte sottili righe scure anche larghe bande tipiche degli assorbimenti molecolari.
– Il quarto tipo comprende stelle di colore rosso come Betelgeuse o Antares, massimo nel rosso, violetto quasi assente e larghe bande molecolari.

Infine in un quinto tipo, «assai bizzarro e vario», Secchi incluse tutte quelle stelle che avevano delle caratteristiche inusuali, come per esempio non solo righe scure ma anche righe brillanti.

Ancora non erano noti i meccanismi secondo cui un ato-

Max Planck 1858 1947

mo può assorbire o emettere radiazione. Perciò il fatto che le righe dominanti fossero quelle dovute all'idrogeno oppure ai metalli aveva fatto pensare che le stelle bianco-azzurre fossero stelle composte prevalentemente di idrogeno, le gialle di metalli. Solo all'inizio del Novecento, grazie agli sviluppi della nuova fisica, la fisica quantistica, si cominciarono a scoprire le leggi che regolano l'emissione e l'assorbimento di radiazioni elettromagnetiche da parte degli atomi, il legame fra temperatura e distribuzione dell'energia irraggiata alle varie lunghezze d'onda. Fu chiaro che un gas può assorbire o emettere solo a certe temperature e densità e che le differenze nello spettro di righe non erano dovute a differenze di composizione chimica ma di condizioni fisiche – soprattutto di temperatura, ma anche, in misura minore, di densità. In particolare si scoprì che stelle aventi la stessa temperatura superficiale ma diverso splendore intrinseco presentavano differenze notevoli nell'intensità delle righe di assorbimento. Di qui la possibilità di determinare lo splendore intrinseco di una stella dalla sola analisi spettrale, e misurando lo splendore apparente, risalire alla sua distanza. Questo metodo, detto delle parallassi spettroscopiche, ha permesso di misurare distanze ben maggiori che col metodo delle parallassi trigonometriche.

Le leggi fondamentali per «leggere» gli spettri stellari le dobbiamo a Max Planck (1858-1947), il primo a suggerire nel 1900 che la radiazione elettromagnetica poteva essere emessa o assorbita solo in unità indivisibili aventi valori definiti che chiamò *quanti* dando inizio alla fisica quantistica. Fu poi Einstein a chiamare *fotoni* i quanti di luce. Planck con questa ipotesi riuscì a render conto delle curve a campana (dette planckiane) che rappresentano l'irraggiamento da parte di un corpo ideale detto «corpo nero» per la sua capacità di assorbire egualmente e completamente tutte le radiazioni di qualsiasi lunghezza d'onda.

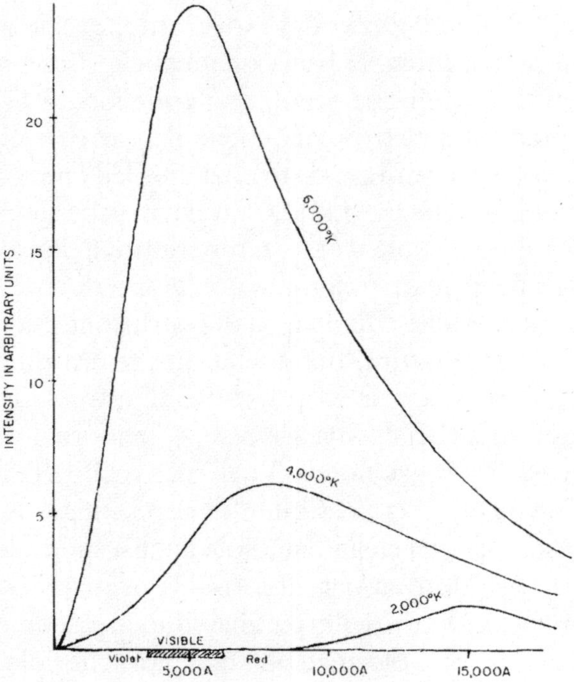

Figura 14 a. Esempi di planckiane. Distribuzione dell'energia irraggiata da tre corpi neri a tre differenti temperature: 6000 gradi assoluti, (stelle gialle, di poco superiore alla temperatura superficiale del Sole), 4000 (stelle arancioni, come Aldebaran) e 2000 (stelle rosse come Betelgeuse). Si noti come il massimo di irraggiamento avviene a lunghezze d'onda tanto più corte quanto maggiore è la temperatura. Perciò le stelle biancoazzurre sono più calde delle stelle rosse. Inoltre la totalità dell'energia irraggiata (che è data dall'area abbracciata dalla planckiana) è proporzionale alla quarta potenza della temperatura. (Da. G. Gamow, *Biography of physics*, cit., p. 118.)

L'irraggiamento da parte di un corpo nero in funzione della lunghezza d'onda dipende esclusivamente dalla sua temperatura e non dal tipo di materia da cui è costituito. Poiché le stelle sono con buona approssimazione assimilabili a corpi neri, il confronto dell'energia da esse irradiata con le curve planckiane è un efficiente metodo per determinarne la temperatura superficiale. Si veda ad esempio il caso del Sole.

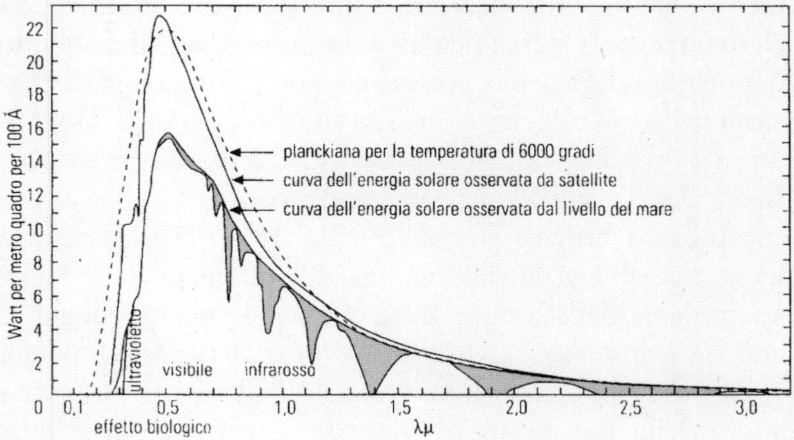

Figura 14 b. Distribuzione dell'energia irraggiata dal Sole misurata sia dallo spazio che da terra, e confrontata con la planckiana per la temperatura di 6000 gradi assoluti. (Da: M. Hack, *Vi racconto l'astronomia*, cit., p. 31.)

La Figura 14 b confronta la distribuzione dell'energia irraggiata dal Sole con la planckiana per la temperatura di 6000 gradi assoluti indicata dalla curva a tratti. Si vede chiaramente che l'irraggiamento solare misurato dallo spazio (curva a tratto pieno) è quasi identico a quello di un corpo nero alla temperatura di 6000 gradi assoluti. La curva più in basso indica la distribuzione dell'irraggiamento solare misurato al livello del mare e mostra come la nostra atmosfera assorbe e riduce in parte notevole l'irraggiamento solare (come indicano le aree scure).

Niels Bohr (1885-1962) dette il primo modello quantizzato di atomo, costituito da un nucleo carico positivamente, formato da protoni e neutroni, e circondato da elettroni aventi carica negativa, in numero eguale a quello dei protoni del nucleo, cosicché l'atomo è neutro. Gli elettroni orbitano attorno al nucleo su orbite quantizzate. Sono possibili solo emissioni od assorbimenti di energia corrispondenti a salti da un'orbita all'altra.

Al fisico indiano Meghnad Saha (1894-1956) si deve la legge che spiega la dipendenza dell'intensità delle righe spettrali sia dalla temperatura che dalla densità del gas, e che ha permesso di spiegare le grandi differenze degli spettri di righe in funzione non solo della temperatura ma anche della densità superficiale (densità strettamente legata allo splendore assoluto, da cui il metodo delle parallassi spettroscopiche).

C'erano ormai tutti i mezzi per passare da una semplice analisi qualitativa della composizione chimica delle stelle, dedotta dalla presenza o assenza delle righe di assorbimento di un dato elemento, a una analisi quantitativa. I primi risultati in questo campo sono dovuti a Cecilia Payne Gaposchkin (1900-1979) che nella sua tesi del 1935 pubblicata col titolo *Stellar Atmospheres* dimostra come le atmosfere del Sole e delle stelle siano prevalentemente composte di idrogeno.

Oggi sappiamo che la composizione chimica dell'universo è molto uniforme; su 100 atomi, 90 sono di idrogeno, 9 di elio e tutti gli altri elementi contribuiscono solo all'1% nelle stelle dell'età del Sole (circa 5 miliardi di anni) o più giovani, mentre in stelle molto più vecchie, 10 miliardi di anni, il contributo degli altri elementi più pesanti di idrogeno ed elio – che vengono sbrigativamente chiamati metalli, anche quelli che metalli non sono, come carbonio, azoto, ossigeno ecc. – è ancora minore, da 10 a 100.000 volte minore che nel Sole.

Ciò indica, come vedremo, una evoluzione chimica dell'universo, causata dalla fine esplosiva di stelle molto più grosse del Sole, che danno luogo al fenomeno noto come l'apparizione di una supernova.

le stelle sono palloni di gas

LA VITA DELLE STELLE

Struttura ed evoluzione delle stelle

Dal colore delle stelle, e poi, più precisamente, dal confronto della distribuzione dell'energia irradiata alle varie lunghezze d'onda con le curve planckiane, si poté stabilire che le temperature superficiali anche delle stelle più fredde erano di almeno 2000 o 3000 gradi. Questo semplice fatto ci dice che nelle stelle l'unico stato possibile della materia è lo stato gassoso: le stelle sono dei grandi palloni di gas. Ma a scuola ci avevano insegnato che un gas tende ad occupare tutto lo spazio che ha a disposizione. Come mai il gas stellare non si disperde nello spazio e la vita di una stella come il Sole è di almeno 5 miliardi di anni, come lo provano evidenze geologiche sull'età della Terra formatasi 4 miliardi e 600 milioni di anni fa? Oggi abbiamo capito che le stelle sono vere e proprie centrali di energia nucleare che stanno in equilibrio fra due forze opposte: la forza di gravità che tende a farle collassare sotto il proprio peso, e la forza di pressione del gas dovuta all'agitazione termica delle particelle che tenderebbe a farle evaporare nel mezzo interstellare.

Un altro dubbio che spesso si affaccia alla mente di chi

comincia a chiedersi che cosa sono e come funzionano le stelle è il seguente: l'esperienza insegna che il gas contenuto in un'ampolla dà luogo a uno spettro di righe caratteristiche del gas mentre un solido dà luogo a uno spettro continuo. Ma lo spettro di una stella è un continuo solcato da righe scure, eppure una stella è un pallone completamente gassoso, dalla periferia al centro. Come mai presenta uno spettro continuo? Questo avviene perché la grande massa di gas che la costituisce, a causa delle alte temperature degli strati meno superficiali è in gran parte ionizzato, cioè composto di elettroni liberi e atomi spogliati di uno o più elettroni. In questo caso gli elettroni liberi quando passano vicino a un nucleo atomico rallentano o accelerano la loro velocità emettendo o assorbendo energia in quantità dipendente dalle variazioni di velocità che non sono quantizzate, a differenza delle radiazioni emesse o assorbite da un elettrone legato al nucleo che emette o assorbe solo determinate quantità di energia, corrispondenti alle transizioni da un dato stato ad un altro. Le righe scure si producono perché un determinato gas a quella particolare radiazione è molto più assorbente delle regioni adiacenti dello spettro; di conseguenza il materiale stellare è molto più opaco a quella particolare lunghezza d'onda, e perciò noi riceviamo radiazione solo dagli strati superficiali meno caldi, mentre il continuo adiacente a quella lunghezza d'onda è meno opaco e lascia passare radiazione proveniente da strati più profondi e più caldi. Avviene un po' come se cercassimo di osservare il fondo di una vasca o del mare. L'acqua è generalmente limpida ma ci sono delle zone dove si è accumulata sabbia o sporcizia. Noi vedremo bene il fondale dove l'acqua è limpida, ma solo uno straterello superficiale dove l'acqua è torbida.

Una stella si forma in certe regioni della Galassia, dette nubi interstellari, miscugli di gas e polveri, dove la densità è un po' maggiore che negli spazi interstellari, praticamente vuoti, meno di un atomo di idrogeno per cm cubo (il che significa circa un milionesimo di miliardesimo di miliardesimo della densità dell'acqua). Nella distribuzione irregolare della materia nelle nubi, certe regioni casualmente più dense attraggono altra materia. Il fisico inglese James Jeans (1877-1946) ha dimostrato che se la massa iniziale supera un certo limite, tanto più grande quanto più alta è la temperatura e più bassa la densità, essa tende a crescere a spese della materia adiacente, altrimenti si dissolve e scompare. Le osservazioni mostrano la presenza nelle nubi di questi aggregati, stelle in via di formazione e stelle appena formate, spesso circondate da dischi di materia più fredda e molto più estesa della stella, vere e proprie nebulose protoplanetarie, come quella che nel 1700 Kant e Laplace, indipendentemente, ipotizzarono circondasse un giovane Sole e da cui si sarebbero formati i pianeti.

L'ammasso di materia collassante sotto l'azione della gravità riscalda per compressione il centro e il collasso si arresta quando la temperatura centrale è sufficientemente alta perché la forza di pressione esercitata dall'agitazione termica delle particelle sia in grado di contrastare la forza di gravità. Quando questo avviene, e se la massa è almeno un decimo di quella solare, le temperature centrali hanno raggiunto valori pari o superiori a qualche milione di gradi e possono avere luogo reazioni nucleari con trasformazione di idrogeno in elio. Sono queste reazioni che mantengono sufficientemente alta la pressione e spiegano qual è la fonte dell'energia irradiata. Le osservazioni mostrano che le masse stellari sono comprese fra circa un decimo e una cinquantina di volte la massa del Sole. La ragione di questi limiti è che masse minori di un decimo della massa solare non producono temperature centrali sufficienti per innescare le reazioni nucleari e masse molto maggiori di 50 volte la massa solare generano tanta energia e una luminosità tanto alta che eserciterebbe una pressione di radiazione tale da superare la forza di gravità e impedire la formazione della stella.

Questa perfetta centrale di energia nucleare è dotata di un ingegnoso termostato: se il tasso di produzione di energia casualmente rallenta, la temperatura centrale diminuisce e così la forza di pressione, la gravità prende il sopravvento, la compressione fa alzare di nuovo la temperatura fino a ristabilire l'equilibrio. Se al contrario la produzione di energia aumenta, la forza di pressione supera la gravità, si ha un'espansione che abbassa la temperatura centrale fino a ristabilire l'equilibrio.

È questo anche il meccanismo che spiega i mutamenti che una stella subisce nel corso della sua vita e anche la sua fine.

L'evoluzione e la fine di una stella avvengono in modo diverso a seconda della sua massa. Schematizzando, possiamo limitarci al caso delle stelle come il sole, o più piccole o poco più grandi, e quello delle stelle con masse almeno 10 o più volte superiori.

Le osservazioni già all'inizio del Novecento avevano stabilito l'esistenza di una relazione fra massa e luminosità e fra luminosità e temperatura superficiale, e la ragione di questi nessi si può capire facilmente dalle considerazioni seguenti.

Più grande è la massa di una stella, maggiore la temperatura centrale necessaria perché la forza di pressione controbilanci la forza di gravità. Maggiore temperatura centrale significa anche maggior produzione di energia nucleare, poiché questa dipende fortemente dalla temperatura. Di conseguenza anche maggior temperatura superficiale. Perché la stella sia in equilibrio termico deve irraggiare l'energia prodotta e quindi deve avere sufficiente superficie di dissipazione, cioè maggior raggio. Ne segue che più grande è la massa più alta la sua temperatura superficiale e il suo raggio, cioè la sua luminosità. Questa, infatti, dipende dall'energia irraggiata per unità di superficie (che è proporzionale alla temperatura) e dalla superficie.

Quindi la massa di una stella determina non solo la sua evoluzione e fine ma anche le sue caratteristiche fisiche direttamente osservabili – raggio, luminosità, temperatura superficiale.

Determina anche la durata della sua vita. Infatti questa sarà tanto più lunga quanto maggiore è la disponibilità di combustibile nucleare, cioè la sua massa, e quanto più lentamente lo consuma e quindi quanto più bassa è la luminosità. Poiché le osservazioni indicano che una stella di massa 10 volte quella solare è 10.000 volte più luminosa, la sua vita sarà proporzionale al rapporto 10/10.000 o

1000 volte più breve di quella del Sole: non miliardi ma solo milioni di anni. Al contrario una stella di massa un decimo di quella solare ha una luminosità 1000 volte minore: la sua vita sarà proporzionale al rapporto 0,1 / 0,001 cioè 100 volte più lunga.

Evoluzione del Sole e stelle simili

La prima e più lunga fase della vita di una stella è quella in cui nel suo nocciolo centrale l'idrogeno si trasforma in elio. Quando tutto l'idrogeno sarà stato trasformato in elio (il che, nel caso del Sole avverrà fra circa 5 miliardi di anni), quest'ultimo alla temperatura attuale di circa 13 milioni di gradi è inerte. Cessate le reazioni nucleari, il nocciolo si raffredda e si ha un collasso del gas verso il centro, che si arresterà quando, raggiunta la temperatura di circa 100 milioni di gradi, l'elio potrà trasformarsi in carbonio. Però questo comporta un drastico cambiamento dei «connotati» del Sole con conseguenze tragiche per la Terra. Poiché la produzione di energia nucleare è fortemente dipendente dalla temperatura, in questa seconda fase della sua vita il Sole per potere irradiare tutta l'energia prodotta senza esplodere deve aumentare la sua superficie di almeno 40.000 volte. Ciò significa che il suo raggio aumenterà di 200 volte e dagli attuali 700.000 km diventerà pari a 140 milioni di km e lambirà la superficie della Terra rendendola un arido e infocato deserto, dopo avere inghiottito Mercurio e Venere. La nostra stella diventa 100 volte più luminosa, ma la temperatura superficiale si abbassa a causa dell'espansione a circa 3000 gradi dai 6000 attuali e diventa una «gigante rossa». Quando anche l'elio nel nocciolo è tutto trasformato in carbonio, nel Sole e in stelle di massa minore il «termostato» si guasta. Cessano le reazioni nucleari, ma il gas pur raffreddandosi mantiene una forza di pressione sufficiente a controbilanciare la forza di gravità.

Infatti per densità sufficientemente alte (e tanto più alte quanto più alta è la temperatura) il gas non si comporta più da gas perfetto*, la cui pressione è proporzionale alla temperatura, ma diviene «degenere» il che significa che si comporta come un solido, la cui pressione è indipendente dalla temperatura. Questo spiega perché mentre la temperatura del nocciolo si abbassa, la pressione continua ad essere sufficiente per opporsi alla forza di gravità. Inoltre la stella non è più in grado di utilizzare come combustibili nucleari gli altri elementi, e perciò seguita a irradiare l'energia termica raffreddandosi lentamente. Nel giro di milioni di anni la stella perde il suo rarefatto inviluppo di gigante rossa, diventa dapprima una «nebulosa planetaria» (così detta perché nei piccoli cannocchiali di una volta appariva come un dischetto simile ad un pianeta) formata dal caldo nocciolo centrale, circondato da un guscio di gas in espansione che lentamente si disperde nel mezzo interstellare, e alla fine resta soltanto il suo nocciolo centrale – una nana bianca. È chiamata così perché il

* Un gas si dice perfetto quando le dimensioni medie delle sue particelle sono molto minori della loro distanza media. Un gas si scosta dalle condizioni di gas perfetto per diventare «degenere» a densità tanto più alte quanto più alta è la sua temperatura.

suo diametro è paragonabile a quello della Terra, e bianca per la sua alta temperatura. Col tempo diventerà sempre più debole e fredda, non più bianca, ma giallastra, poi rossastra e infine dopo miliardi di anni non irraggerà che una debole radiazione infrarossa.

Evoluzione delle stelle di grande massa, dieci e più volte di quella solare

Una stella di grande massa ha un destino e una fine diversi. Ad ogni esaurimento di un combustibile nucleare segue una compressione, un aumento di temperatura e l'innesco di altre reazioni nucleari. Se la massa è sufficientemente grande, almeno dieci volte quella solare, il nocciolo raggiunge temperature di circa un miliardo di gradi e densità pure dell'ordine di un miliardo di volte la densità dell'acqua, ma il gas a quelle altissime temperature resta sempre perfetto. In seguito a tutta una serie di successivi inneschi di nuovi combustibili nucleari, il nocciolo risulta alla fine formato di nuclei di ferro e nichel, che a quelle temperature si trasformano in elio. Ma mentre tutte le precedenti reazioni erano *esotermiche*, cioè produttrici di energia, questa è *endotermica*, cioè assorbe energia. Questo assorbimento si manifesta in una brusca diminuzione della temperatura da un miliardo a cento milioni di gradi, di conseguenza accompagnata da una drastica riduzione della forza di pressione del gas e un colossale collasso di tutta la massa stellare verso il centro. Il residuo nocciolo centrale è una stellina superdensa, con raggio di pochi chilometri e densità di milioni di miliardi di volte la densità dell'acqua, e la materia ridotta a gas degenere di neutroni. In questo collasso che riscalda gli strati più esterni ricchi di idrogeno, elio, carbonio ecc. si scatena una serie di reazioni nucleari incontrollate, che producono, nel giro di appena mezz'ora, una quantità di energia pari a quella prodotta dalla stella nei suoi precedenti milioni di anni, «fabbricando» tutti gli elementi che conosciamo sulla Terra. Non potendo irraggiare gradualmente questa subitanea produzione di energia, la stella esplode, scaraventando nello spazio tutti i prodotti delle reazioni nucleari creati nel suo interno e arricchendo così il mezzo interstellare di tutti quegli elementi, più pesanti di idrogeno ed elio, fondamentali per spiegare la formazione dei pianeti e di tutto ciò che su di essi si trova, compresi gli esseri viventi. Lo splendore della stella aumenta di miliardi di volte tanto da eguagliare quello dell'intera galassia che la contiene. È il fenomeno noto come l'apparizione di una supernova. Nel corso dei miliardi di anni le successive esplosioni di supernove spiegano l'evoluzione chimica delle galassie, le cui stelle di prima generazione sono più povere di elementi pesanti di quelle di formazione recente.

In tempi storici, le supernove esplose nella Via lattea e di cui si ha notizia sono quella del 1054, osservata da astronomi cinesi, e i cui resti formano una nube estesa circa 6 anni luce, chiamata per il suo aspetto nebulosa del Granchio, e nel cui centro si trova una stella di neutroni, come previsto dalla teoria; quella di Tycho Brahe del 1572, quella di Keplero del 1604. Un'altra di cui si osserva soltanto la nebulosa rimanente, e che dalla velocità con cui questa si sta espandendo si stima debba essere apparsa circa 150 anni fa, si trova nella costellazione di Cassiopea, ma di essa non c'è traccia nelle cronache dell'epoca. Infine nel 1987 a due passi dalla Via lattea, nella Grande Nube di Magellano, che è una galassia satellite della nostra, è apparsa una supernova, ben visibile ad occhio nudo, naturalmente solo dall'emisfero australe. Infatti le due nubi di Magellano, due piccole galassie satelliti della Via lattea, si chiamano così perché scoperte da Magellano durante la circumnavigazione dell'Africa.

Noi diciamo «nel 1987 è apparsa una supernova...» ma in realtà stiamo osservando un fenomeno avvenuto circa 200.000 anni fa perché questo è il tempo impiegato dalla luce per raggiungerci da quelle regioni dell'universo.

La comprensione della natura delle stelle, della loro formazione ed evoluzione, un campo di ricerca affrontato all'inizio del XIX secolo e arrivato praticamente a completa soluzione nel corso del XX secolo, ci ha svelato quale sia l'origine degli elementi chimici. In particolare quelli fondamentali alla vita, quali i processi che avvengono all'interno e nel corso di tutta l'esistenza degli astri. Dobbiamo soprattutto a un gruppo di quattro astrofisici una ricostruzione quantitativa e non solo qualitativa del perché la composizione chimica dell'universo è quella che osserviamo: la stragrande sovrabbondanza di idrogeno ed elio, ma anche le percentuali di tutti gli altri elementi che costituiscono solo delle impurità, ma dall'importanza cruciale. Sono infatti quelle impurità di cui sono fatti anche i nostri corpi, i pianeti, tutto ciò che ci circonda, e che sono fondamentali per aggregare gas e polveri per formare altre stelle.

I quattro astrofisici sono, nell'ordine: Geoffrey Burbidge (1925), Eleanor Margaret Burbidge (1922), Willy Fowler (1911-1995) e Fred Hoyle (1915-2001). Per questa ricerca, tappa fondamentale dell'evoluzione cosmica, il solo Fowler ebbe il premio Nobel nel 1983, con grande sorpresa della comunità scientifica.

La nostra origine, come quella di tutte le forme viventi, deriva dunque dalle supernove. L'evoluzione dell'universo, a partire dalle reazioni nucleari alla base della vita e la morte delle stelle, è arrivata a formare gli elementi necessari alla vita biologica più complessa, evolutasi fino a realizzare esseri intelligenti. Dalle stelle alla mente, sono gli estremi della nostra parabola: siamo l'unico prodotto dell'universo che ha sviluppato la capacità di osservare e capire l'universo di cui siamo il frutto.

Quei fantasmi chiamati neutrini

Nel corso delle reazioni nucleari che avvengono nell'interno delle stelle vengono emessi numerosi neutrini, particelle elementari senza carica e di massa così piccola che per molto tempo si è pensato fossero prive di massa come i fotoni. Soprattutto nelle ultime fasi che precedono l'esplosione di una supernova, un'enorme quantità di neutrini sfugge nello spazio interstellare. Proprio per le loro caratteristiche – massa microscopica e assenza di carica – i neutrini passano indenni attraverso enormi quantità di materia, escono dai noccioli centrali delle stelle mentre tutte le altre particelle interagiscono con il gas stellare e non arrivano alla superficie. Perciò i neutrini sono l'unico mezzo che abbiamo per sondare direttamente l'interno delle stelle.

Una conferma delle previsioni teoriche la si è avuta il 23 febbraio 1987 quando è stato possibile osservare l'esplosione di una supernova nella Grande Nube di Magellano. A partire dalle ore 7, 35 minuti e 35 secondi, ora di Greenwich, un rivelatore dell'Università di Tokyo (Kamiokande II) registrò l'arrivo di 8 neutrini in 12 secondi e un altro rivelatore, l'Irvine Michigan Brookhaven, ne misurò altri 8 in 6 secondi a partire dalle 7, 35 minuti e 41 secondi. Da notare che la Nube di Magellano si vede solo dall'emisfero australe, e i due rivelatori si trovano ambedue nell'emisfero boreale. Ciò significa che i 16 neutrini rilevati hanno traversato indenni tutto il diametro della Terra.

Ma questo non è stato l'unico tentativo di catturare neutrini provenienti da una stella. Ci aveva provato col Sole l'astrofisico statunitense Raymond Davis, durante gli anni Sessanta. Il rivelatore da lui congegnato era costituito da una vasca grande come una piscina olimpica, riempita di tetracloroetilene, volgarmente detta trielina, situato in una profonda miniera 1500 metri sottoterra, che serviva da filtro, capace di arrestare tutte le altre particelle presenti nei raggi cosmici. Un atomo di cloro colpito da un neutrino emette un elettrone e si trasforma in argo radioattivo. Dalla misura della radioattività si risale al numero di neutrini. I primi risultati positivi si ebbero nel

1968, ma il numero di neutrini risultò circa un terzo di quello che ci si aspettava, in base alle nostre conoscenze della struttura interna del Sole. Un risultato che è stato confermato da molte misure eseguite da varie apparecchiature simili, in particolare dal laboratorio dell'Istituto Nazionale di Fisica Nucleare (INFN) situato sotto il Gran Sasso, che funge da filtro. È stato un grosso enigma, per molti anni, perché per spiegare quello che fu chiamato il difetto di neutrini solari, occorreva ammettere che le condizioni interne del Sole fossero tanto diverse che anche le sue condizioni superficiali sarebbero state tali da renderle inconciliabili con le osservazioni, e anche con le condizioni climatiche sulla Terra. Una possibile soluzione fu proposta da Stanislav Mikheyev, Alexei Smirnov e Lincoln Wolfenstein, e fu detta effetto MSW. L'ipotesi era che i neutrini fossero dei trasformisti.

Gli esperimenti con gli acceleratori di particelle avevano insegnato che esistono tre specie di neutrini: l'*elettronico*, il più leggero, la cui massa è inferiore a qualche centomilionesimo della massa dell'elettrone, o forse zero come i fotoni, viene prodotto nelle reazioni nucleari che avvengono nell'interno delle stelle; il *muonico*, associato a un'altra particella instabile (vita media 2 milionesimi di secondo) parente dell'elettrone, ma con massa circa 200 volte maggiore, detta muone; e il *tauonico* associato al tauone, praticamente stabile, vita media un milione di anni e massa circa 17 volte quella del muone.

Mikheyev, Smirnov e Wolfenstein suggerirono la possibilità che durante il cammino dal centro del Sole ai rivelatori i neutrini elettronici si trasformassero in parte in muonici e tauonici, non misurabili dai rivelatori. Questo fenomeno di trasformismo del neutrino è detto «oscillazione» e può aver luogo solo se la massa del neutrino per quanto piccola sia maggiore di zero.

Una verifica di queste previsioni teoriche – effetto MSW e prova che il neutrino ha massa maggiore di zero – è stata fatta con un esperimento chiamato OPERA (Oscillation Project with Emulsion tRacking Apparatus). Dal CERN di Ginevra sono stati sparati fasci di miliardi di neutrini in direzione del Laboratorio del Gran Sasso a 732 km di distanza. I neutrini viaggiando in linea retta sottoterra raggiungono il Gran Sasso dopo qualche millesimo di secondo, a velocità appena inferiore a quella della luce nel vuoto.

L'esperimento è iniziato alla fine del 2006, e il 31 maggio del 2010 dal CERN è arrivata la notizia tanto attesa: fra i miliardi e miliardi di neutrini muonici sparati dal CERN è arrivato finalmente al Gran Sasso un neutrino tauonico.

Le nebulose

Quelle macchie biancastre, più o meno estese, a differenza delle stelle che appaiono sempre come puntini più o meno luminosi, hanno sempre suscitato la curiosità degli osservatori del cielo. Quando Galileo osservò la Via lattea col cannocchiale capì, come abbiamo già visto, che «la Galassia non è infatti altro che una congerie di innumerevoli stelle riunite insieme; infatti, in qualunque regione della Galassia tu diriga il cannocchiale, immediatamente una grande quantità di stelle molto fitte si offre alla vista... Ma dal momento che quel candore latteo, come di nube biancheggiante, non si vede solo nella Galassia, ma molte zone di un colore simile rifulgono nello spazio, se rivolgi il cannocchiale verso una qualunque di quelle, ti imbatterai in un aggregato di stelle molto addensate... le stelle chiamate fino ad oggi da tutti gli astronomi *Nebulose*, sono insiemi di stelle riunite in modo mirabile; dall'unione dei raggi di queste, benché la singola stella sfugga alla vista per la piccolezza o per la grande distanza da noi, deriva quel candore che è stato ritenuto fino ad oggi la parte più densa del cielo, capace di distorcere i raggi delle stelle o del Sole.»

La curiosità sulla natura delle nebulose rimaneva insoddisfatta ancora nei primi anni del Novecento, e anche la curiosità sulla reale estensione della Via lattea. Era ormai accertato che si trattava di un enorme disco popolato da stelle, in cui si trovava immerso il Sole. Ma quanto era veramente esteso? Abbracciava forse tutto l'universo e le nebulose ne facevano parte come le stelle? Oppure l'universo era disseminato di galassie e la nostra era solo una fra tante?

Anche grazie all'entrata in funzione del primo grande telescopio moderno, il 2,5 metri di Monte Wilson in California, lo studio delle nebulose divenne una delle priorità. Come per le stelle, la spettroscopia era il mezzo fondamentale per decifrare la natura delle nebulose. Se erano nubi di gas, il loro spettro sarebbe stato quello tipico dei gas: righe brillanti, caratteristiche degli elementi costituenti la nube; se invece erano fitti agglomerati di stelle dovevano avere uno spettro tipico stellare, cioè un continuo solcato da righe scure. Uno studio sistematico degli spettri delle nebulose fu intrapreso da Edwin Hubble (1889-1953) il quale, nel corso delle ricerche condotte fra il 1920 e il 1930, riuscì finalmente ad accertare l'esistenza di due tipi di nebulose. Quelle angolarmente più estese e di forma irregolare erano nubi di gas, in cui erano immerse alcune stelle; dalle caratteristiche fisiche delle stelle si poteva stimare il loro splendore intrinseco, e misurando quello apparente risalire alla loro distanza, per lo più di qualche centinaio o migliaio di anni luce; quasi tutte sono situate sulla striscia della Via lattea di cui chiaramente fanno parte.

L'altro tipo aveva spettri tipici stellari, talvolta con qualche riga brillante, indicante la presenza oltre alle stelle di qualche nube. La forma è quasi sempre regolare, sferica o ellittica oppure caratterizzata da alcune braccia di spirale che si dipartono da un centro affollato di stelle. Nelle braccia oltre alle stelle si possono notare condensazioni nebulari. Ancora dalle caratteristiche fisiche di alcune stelle si potevano dedurre distanze enormi, che per le più vicine come la galassia spirale di Andromeda o quella del Triangolo furono valutate di almeno un milione di anni luce, dieci volte maggiori di quelle delle più lontane stelle galattiche. Misure moderne danno un valore addirittura doppio. La loro forma schiacciata suggeriva che un osservatore situato in una di queste nebulose avrebbe visto un arco biancastro traversante tutta la volta celeste, così come noi vediamo la Via lattea.

Era evidente da queste osservazioni che si trattava di grandi sistemi stellari in tutto simili alla Via lattea, la quale dunque non comprendeva tutto l'universo ma era solo una minuscola porzione di esso.

Ma questo non fu il risultato più sensazionale delle osservazioni di Hubble. Non solo era dimostrata l'esistenza di due classi di «nebulose» – le nubi di gas appartenenti alla Via lattea e le «nebulose extragalattiche», chiamate poi anche «universi isole» e infine più semplicemente «galassie» – ma scoprì qualcosa di totalmente inaspettato: gli spettri di tutte le galassie (fatta eccezione per poche decine situate a distanze inferiori a circa quattro milioni di anni luce, e che oggi sappiamo costituiscono la nostra famigliola di galassie, il *Gruppo Locale*) presentano spostamenti verso il rosso delle righe spettrali che furono interpretati come effetto Doppler, e che dunque stavano a significare che tutte le galassie si allontanavano da noi.* Non solo, Hubble trovò anche che «la velocità di allontanamento cresce al crescere della distanza» risultato che è passato alla storia come «legge di Hubble». Ciò significa che è lo stesso spazio in cui sono immerse le galassie che si sta espandendo, e lo si capisce con un semplice esempio gastronomico. Pensate alla pasta di un dolce che si gonfia sotto l'azione del lievito. Se nella pasta sono immerse del-

* Ricordiamo che l'effetto Doppler consiste nell'osservazione che quando una sorgente luminosa o una sorgente sonora si allontana da noi, noi riceviamo onde di frequenza minore di quella emessa, se invece si avvicina riceviamo onde di frequenza maggiore di quella emessa e lo spostamento è tanto maggiore quanto maggiore è la velocità della sorgente relativamente all'osservatore.

lo spazio è in espansione

le noccioline, tutte si allontaneranno l'una dall'altra non per una loro propria velocità, ma perché trascinate dal rigonfiarsi della pasta. Perciò era improprio il termine con cui fu definita la scoperta di Hubble: la fuga delle galassie. Inoltre a un qualsiasi osservatore situato su una qualsiasi galassia sembrerà che la velocità di allontanamento cresca con la distanza. Infatti se in un certo tempo tutte le distanze sono raddoppiate, gli sembrerà che il percorso fatto della galassia vicina sia minore di quello della galassia lontana, ma poiché la velocità è data dallo spazio percorso diviso il tempo, anche la velocità della galassia vicina sembrerà minore di quella della galassia lontana.

Va anche chiarito che le singole galassie, e anche le grandi famiglie di galassie, dette ammassi di galassie, non espandono, ma sono tenute insieme dalla forza di gravità. Perciò le velocità delle galassie del nostro Gruppo Locale non sono quelle dovute all'espansione dell'universo ma quelle di rivoluzione attorno al comune baricentro. Per esempio la grande galassia di Andromeda si sta avvicinando alla Via lattea alla velocità di 50 km/sec e fra circa otto miliardi di anni potrebbero scontrarsi oppure formare un sistema doppio, ambedue orbitanti attorno al comune baricentro.

Che lo spazio fosse in espansione era una realtà difficile da accettare nei primi decenni del Novecento, anche se le equazioni sviluppate da Einstein nella sua teoria della relatività per descrivere l'universo, con sua grande sorpresa lo prevedevano.

Questa è stata la prima importante osservazione che ha dato inizio alla «cosmologia osservativa», cioè a tutta una serie di modelli di universo basati sulle osservazioni e non soltanto su speculazioni filosofiche o religiose.

Sempre in quegli anni e grazie alla potenzialità del primo grande telescopio moderno – il 2,50 metri di Monte Wilson – un astronomo americano di nome Harlow Shapley ha cercato di nuovo di dare una risposta alla domanda affrontata da Herschel e poi da Kapteyn: qual è la posizione del Sole nella Galassia? Mentre Herschel e Kapteyn si erano basati sul conteggio di stelle prevalentemente addensate sul piano del disco galattico, Shapley cominciò a determinare posizioni e distanze degli «ammassi globulari». Si tratta di famiglie di stelle formate anche da mezzo milione a un milione di membri, molto vicine le une alle altre, cosicché un ammasso ricorda un po' un grappolo d'uva con i chicchi quasi attaccati gli uni agli altri; hanno forma sferica o quasi sferica e al telescopio appaiono come piccole macchie biancastre e solo le stelle più periferiche sono distinguibili. A differenza di altre famiglie stellari, dette «ammassi aperti», come ad esempio le Pleiadi, che sono situate sul disco galattico, gli ammassi globulari occupano un volume quasi sferico che circonda tutta la Via lattea – il cosiddetto «alone galattico», che a differenza del disco è quasi completamente privo di gas e polveri interstellari. Fu così che Shapley si accorse che il numero di ammassi globulari cresceva in direzione della costellazione del Sagittario e diminuiva nella direzione diametralmente opposta al crescere della distanza da noi, e arguì che il centro della Via lattea doveva trovarsi in direzione della costellazione del Sagittario, a una distanza coincidente col massimo numero di ammassi per grado quadrato. Per misurare la distanza Shapley si avvalse di alcune stelle variabili che sono una caratteristica degli ammassi globulari. Si chiamano RR Lyrae dal nome della prima scoperta di questa classe. Hanno tutte quasi lo stesso splendore intrinseco, circa 100 volte quello del Sole, e colore biancastro. Dalla misura dello splendore apparente fu possibile risalire alla distanza dei vari ammassi e stabilire la distanza del Sole dal centro. Apparve chiaro che il Sole era in una posizione periferica e per questo Shapley fu anche chiamato il nuovo Copernico. Però Shapley ignorava l'esistenza delle polveri interstellari e le sue misure di distanza erano largamente sovrastimate. Dalla distanza degli ammassi più lontani stimò il diametro della Via lattea pari a 300.000 anni luce, tre volte il valore risultante dalle moderne misure, e la distanza del Sole dal centro pari a circa 50.000 anni luce, invece del moderno valore di 27.000 anni luce. Questi errori nella determinazione delle distanze dipendevano dal fatto che le polveri diffondono la luce delle stelle, le fanno apparire più deboli e quindi più lontane di quello che sono. Anche se molto più scarse che sul piano galattico, facevano così apparire le stelle variabili RR Lyrae molto più deboli e quindi più lontane della realtà. Fanno un po' lo stesso effetto della nebbia in Val Padana.

Fu solo nel 1930 che l'astronomo svizzero Robert Trumpler (1886-1956) provò l'esistenza di polveri nel mezzo interstellare che riducono lo splendore delle stelle e delle nebulose. Il suo metodo era concettualmente molto semplice. Ammesso che tutti gli ammassi stellari aventi certe caratteristiche fisiche simili avessero anche le stesse dimensioni, si poteva determinare la loro distanza in due modi: dalle dimensioni angolari e dallo splendore di particolari tipi di stelle. I due metodi dettero risultati diversi, le distanze derivate dagli splendori apparenti erano sistematicamente più grandi e Trumpler attribuì questo fatto alla presenza di un mezzo che riduceva lo splendore delle stelle facendole apparire più lontane del vero. Accettate per buone le distanze derivate dalle dimensioni angolari, si poteva anche stabilire il grado di assorbimento subito. Oggi sappiamo che questo mezzo assorbente è costituito da minuscole particelle solide, per lo più grafite e silicati, aventi diametri di qualche millesimo di millimetro, e pure che la luce violetta viene diffusa più efficacemente della rossa, e di conseguenza la luce delle stelle non è soltanto indebolita ma anche arrossata. Inoltre le osservazioni delle radiazioni ultraviolette da satellite hanno mostrato che le polveri producono un massimo effetto a una ben precisa lunghezza d'onda – 2200 Angstrom – il che consente di ottenere misure molto precise del grado di estinzione della luce stellare da esse causato.

IL BIG BANG E L'UNIVERSO BAMBINO

La scoperta dell'espansione dell'universo era predetta dalle equazioni che secondo la teoria della relatività generale descrivono la struttura dell'universo, e che costituirono uno shock per Einstein, convinto che l'universo dovesse essere statico. Ma le equazioni dicevano chiaramente che un universo statico non poteva esistere, sarebbe collassato su se stesso, e perciò Einstein ipotizzò l'esistenza di una costante cosmologica che avrebbe agito in senso opposto alla forza di gravità, garantendo la staticità. Un giovane matematico russo, Aleksandr Fridman (1888-1925), venuto a conoscenza della teoria della relatività generale, si accorse che le equazioni di Einstein prevedevano tutta una famiglia di modelli cosmologici non statici dipendenti dalla densità media dell'universo, fra questi quelli destinati a implodere di nuovo su se stessi ad opera della forza di gravità e quelli invece destinati ad espandere per sempre.

I due modelli di universo, proposti dopo la scoperta dell'espansione dell'universo, che sono stati oggetto di accanite discussioni per più di trent'anni, sono il modello evolutivo originato dal Big Bang e il modello stazionario.

Il primo interpretava nella maniera più semplice e diretta la scoperta dell'espansione dell'universo.

Se l'universo si sta espandendo, deve avere avuto un passato in cui era sempre più piccolo e denso fino ad arrivare a un «inizio» in cui tutta la materia che osserviamo oggi doveva essere concentrata in un punto a temperatura e densità infinita. Zero dimensioni, infinite temperatura e densità costituiscono ciò che in matematica si chiama «singolarità», un luogo cioè in cui le leggi della fisica che noi conosciamo attraverso l'esperimento non valgono più, e questo «inizio» sarà avvenuto in epoca tanto più lontana nel tempo quanto più bassa è la velocità di espansione. Le prime misure di Hubble indicavano che la velocità di espansione cresceva di 520 km/sec ogni 3,26 milioni di anni luce. Immaginando di far fare il cammino a ritroso all'universo in espansione, si trova che questo sarebbe cominciato meno di 2 miliardi di anni fa. Un risultato assurdo, perché anche se allora non si conosceva come si svolgeva e quanto durava la vita di una stella, le evidenze geologiche indicavano per la Terra un'età di quasi 5 miliardi di anni: ossia più vecchia dell'universo.

Questo risultato aumentò i dubbi e le diffidenze verso l'interpretazione della legge di Hubble.

Poi si scoprì che le distanze delle galassie erano state sottovalutate, perché si era attribuito erroneamente uno splendore assoluto minore del reale alle stelle variabili cefeidi che erano state usate per stimare le distanze. Dopo successive correzioni alle distanze delle galassie, determinate con vari metodi, la velocità di espansione è risultata molto minore e oggi il valore più probabile è una crescita della velocità di espansione di circa 70 km/sec ogni 3,26 milioni di anni luce, da cui un'età dell'universo compresa fra 13,6 e 13,7 miliardi di anni, superiore all'età delle stelle più vecchie della Galassia.

Però questo modello di universo originatosi da un punto a densità e temperatura infinitamente grandi sembrò un'inaccettabile assurdità a molti scienziati, soprattutto a quelli che vedevano in esso un ritorno al *fiat lux* della Bibbia. Fra questi tre famosi cosmologi, il britannico Fred Hoyle (1915-2001), lo statunitense di origine austriaca Thomas Gold (1920-2004) e il britannico pure di origine austriaca Hermann Bondi (1919-2005), che proposero un modello alternativo. Fu proprio Hoyle a inventare il nome di Big Bang ironizzando su quello che riteneva un assurdo fantomatico istante iniziale. Certo non immaginava che questo nome appioppato in senso dispregiativo avrebbe avuto tanto successo.

Il modello alternativo consisteva nell'assumere che l'energia di espansione dell'universo desse luogo a creazione di materia, in modo da mantenere costante la densità dell'universo, di qui il nome di modello stazionario. Nessun principio fondamentale della fisica era violato, data l'equivalenza fra massa ed energia, prevista dalla teoria della relatività einsteiniana e confermata sia dalla produzione di energia per usi pacifici da parte delle centrali nucleari, sia dalle bombe atomiche tragicamente sperimentate su Hiroshima e Nagasaki. D'altra parte il calcolo mostrava che per mantenere costante la densità dell'universo bastava la creazione di una quantità infinitesima di materia all'anno, sì da rendere impossibile una verifica sperimentale.

Per alcuni decenni, dagli anni Trenta all'inizio degli anni Sessanta, i due modelli, stazionario ed evolutivo, rimasero egualmente accettabili, in base alle osservazioni astronomiche di cui si disponeva. Gli scienziati si divisero praticamente in due fazioni, a seconda delle loro credenze – gli atei e agnostici più favorevoli al modello stazionario, i credenti a quello evolutivo. Ma comunque si cercava di immaginare quali prove osservative si potessero fare che permettessero di arrivare a una decisione scientifica e non fideistica fra i due modelli. Una di queste consisteva nel misurare la densità di galassie per grado quadrato a distanze relativamente piccole (decine di milioni di anni luce) e alle massime distanze accessibili (qualche miliardo di anni luce). In un universo stazionario la densità doveva restare più o meno costante – tante galassie sparivano dalla vista, tante se ne formavano – come in una grande città tanti individui nascono, tanti ne muoiono e la popolazione resta circa costante. In un universo evolutivo le galassie più lontane, che noi vediamo nel lontano passato, molti miliardi di anni fa, quando l'universo era molto più piccolo, dovrebbero avere una densità spaziale maggiore di quelle vicine, che noi vediamo com'erano in un passato prossimo, una decina di milioni di anni fa, quando l'universo a causa dell'espansione era molto più esteso.

Le misure e i conteggi di oggetti tanto lontani sono molto difficili e incerte, perciò non si raggiunse alcun risultato conclusivo.

Un'altra possibile osservazione fu suggerita nel 1948 dal cosmologo statunitense di origine ucraina George Gamow (1904-1968) che era un sostenitore del Big Bang. Egli prediceva che se l'universo aveva avuto veramente origine da una fase ad altissima temperatura, espandendo si sarebbe raffreddato e oggi dovrebbe essere pervaso da una debole radiazione residuo del Big Bang. Poiché l'universo per definizione è tutto ciò che esiste non è pensabile che esso abbia scambi con un esterno che non esiste e perciò la radiazione che ci aspettiamo che esso emetta dovrebbe essere quella tipica di quel radiatore perfetto chiamato «corpo nero» e cioè misurabile con una curva planckiana*. Alle altissime temperature all'epoca del Big Bang il massimo dell'emissione doveva verificarsi a lunghezze d'onda gamma ed X, le più energetiche possibili; con l'espansione, l'universo doveva raffreddarsi e secondo i calcoli di Gamow dopo una decina di miliardi di anni la temperatura sarebbe scesa a pochi gradi assoluti (dove lo zero assoluto è a – 273 gradi centigradi, ed è la minima temperatura possibile, quella a cui l'agitazione termica delle particelle di un gas cessa e la pressione del gas si annulla).

---

* Ricordiamo che in fisica si chiama «corpo nero» un corpo in grado di assorbire completamente tutte le radiazioni che riceve. Un corpo nero riemette radiazione secondo una legge individuata da Planck, che non dipende dalla natura del corpo emittente (cioè dalla materia di cui è fatto) ma solo dalla sua temperatura. Le curve di emissione per le varie temperature sono dette «planckiane». Sono curve a campana, che cioè indicano che ogni corpo nero emette tutte le radiazioni di lunghezza d'onda da zero a infinito (in pratica da quelle di lunghezza d'onda più piccola – raggi gamma ed X – a quelle di maggior lunghezza d'onda, onde radio) con un massimo a lunghezza d'onda tanto più breve quanto maggiore è la temperatura, come indicato dal dato sperimentale che il prodotto della lunghezza d'onda a cui cade il massimo di irraggiamento per la temperatura è costante: $\lambda_{max}T$ = costante, dove la costante, nota come costante di spostamento di Wien, è 0,289789 cm. grado. Per T = 3 gradi kelvin si trova λ=0,096 cm, cioè circa 1 mm.

In questo caso ci si aspetta un massimo di emissione a lunghezze d'onda di pochi millimetri, il cosiddetto dominio delle microonde.

Le previsioni di Gamow furono verificate casualmente da due ingegneri e radioastronomi, Arno Penzias (1933) e Robert Wilson (1936) nel 1965. Entrambi, su incarico della Bell Telephone Company, stavano osservando tutta la volta celeste con il loro misuratore di microonde per capire quali erano le cause di rumore che disturbavano le trasmissioni da e verso i satelliti artificiali. Trovarono cause dovute sia alla nostra atmosfera che alle attività umane, ma anche un debole rumore diffuso che proveniva uniformemente da tutta la volta celeste, e da varie misure a lunghezze d'onda comprese fra qualche centimetro e qualche millimetro scoprirono che l'irraggiamento a microonde era identico a quello di una curva planckiana corrispondente a una temperatura di 3 gradi assoluti. Non capirono di cosa si trattasse, ma pubblicarono la notizia su «Nature». Quando due astrofisici dell'università di Princeton lessero l'articoletto sobbalzarono sulla sedia. Si trattava di Robert Dicke (1916-1997) e James Peebles (1935) i quali, al corrente delle previsioni di Gamow, stavano proprio preparando un dispositivo per tentare di verificarle. Erano stati bruciati sul tempo. Fu subito chiaro che era stata scoperta quella che fu chiamata «la radiazione fossile», il residuo delle altissime temperature iniziali, la pietra tombale per il modello dell'universo stazionario, che non avendo mai traversato una fase «torrida» non era in grado di spiegare la radiazione fossile.

Dopo la scoperta di Penzias e Wilson sono stati lanciati un certo numero di satelliti aventi come scopo quello di ripetere le stesse osservazioni dallo spazio, per essere libere dai disturbi causati dalla nostra atmosfera. Il primo di questi è stato COBE (COsmic Background Explorer) lanciato nel 1989, poi il pallone stratosferico BOOMERANG, il satellite WMAP (Wilkinson Microwave Anisotropy Probe) e per ultimo PLANCK, il satellite dell'Agenzia Spaziale Europea lanciato nel maggio 2009. Essi ci hanno dato immagini, sempre più raffinate, dell'universo com'era circa 300.000 anni dopo il Big Bang, quando ancora non c'erano né le stelle né le galassie.

Per capire meglio cosa significano queste osservazioni, occorre ricordare che le radiazioni elettromagnetiche – onde radio, luce, raggi X e gamma – provenienti dai corpi celesti, viaggiano alla velocità della luce nel vuoto (o quasi vuoto) degli spazi interstellari, ossia a circa 300.000 km/sec, più di un miliardo di km/ora. Le informazioni che esse ci portano sono relative al momento in cui hanno lasciato il corpo celeste. Per quanto enorme sia la velocità della luce le distanze sono tali che la luce impiega tempi tanto più lunghi a raggiungerci quanto più lontano è il corpo celeste. Per misurare queste enormi distanze si impiega l'anno luce, cioè lo spazio che la luce percorre in un anno, valore che si ottiene facilmente moltiplicando 300.000 per il numero di secondi contenuti in un anno pari a circa 30 milioni. Perciò un anno luce equivale a 9460 miliardi di km. La radiazione fossile ci porta l'immagine dell'universo qual era quasi 14 miliardi di anni fa, che è la distanza maggiore che riusciamo ad osservare direttamente.

Le prime immagini ottenute da Penzias e Wilson mostravano una radiazione diffusa uniformemente su tutto il cielo; all'emozione di poter vedere la faccia dell'universo bambino, quando ancora non c'erano né le stelle né le galassie, seguì la sorpresa che questa radiazione apparisse così uniformemente distribuita su tutto il cielo. Ci dovevano pur essere delle irregolarità, degli addensamenti di quel fluido primordiale da cui si sarebbero potute formare le galassie. E infatti c'erano, soltanto che le prime osservazioni da Terra erano affette da troppo rumore «terrestre» dovuto alla nostra atmosfera, che nascondeva i dettagli. Fu solo col primo satellite dedicato a questo scopo – COBE (COsmic Background Explorer) – che nella primavera del 1992 fu annunciata la scoperta delle tanto attese irregolarità, necessarie per spiegare l'evoluzione verso l'universo odierno. C'erano agglomerati un po' più caldi e densi e regioni più fredde e rarefatte: le differenze di temperatura rispetto al valore medio di 2,7 gradi assoluti erano soltanto di qualche centomillesimo di grado e difatti c'erano voluti quasi tre anni di ripetute osservazioni per accumulare dati affidabili. Ma l'entusiasmo per la scoperta può essere riassunto dalla frase pronunciata da uno degli scienziati: «È come aver trovato le impronte dei dinosauri!»

Però COBE era miope; infatti i più piccoli dettagli che era in grado di distinguere erano di circa 7 gradi d'arco. Ebbene noi vediamo il Sole e la Luna sotto l'angolo di 32 primi d'arco. COBE «vedeva» delle macchie estese in cielo come 14 lune messe in fila una accanto all'altra. Come in certi quadri di van Gogh, che probabilmente era miope, in cui le stelle sono raffigurate come estese macchie luminose, così COBE ci dava un'immagine molto sfocata dell'universo primordiale.

Poiché quello che stiamo osservando è l'universo com'era quasi 14 miliardi di anni fa, distante 13,6 miliardi di anni luce, un angolo di 7 gradi visto da quella distanza corrisponde a un'estensione lineare pari a circa 1,7 miliardi di anni luce, un'estensione molto maggiore dei maggiori ammassi di galassie. Era necessario un mezzo in grado di vedere dettagli molto più fini se si volevano osservare i dettagli dell'universo primordiale.

I successivi esperimenti – BOOMERANG, WMAP, PLANCK – hanno migliorato la loro «acuità visiva» fino a distinguere dettagli più piccoli di un grado, importantissimi, come vedremo, per ricostruire in dettaglio la struttura dell'universo primordiale.

Il telescopio spaziale Hubble (HST) ha ottenuto immagini di lontanissime galassie, a circa 13 miliardi di anni luce. Quindi noi disponiamo di una specie di album fotografico dell'universo, da quando era «bambino», con le immagini più vecchie e lontane, corrispondenti a un'età di circa 300.000 anni dal momento zero del Big Bang, alle immagini di un universo giovane – età di circa 700.000 anni – in cui c'erano già stelle e galassie, non troppo diverse dalle attuali, tipiche dell'universo adulto – con un'età di 10, 12, 13 miliardi di anni – fino alle immagini di quelle stelle che possiamo considerare nostre contemporanee come la galassia di Andromeda e del Triangolo che vediamo com'erano appena 2 milioni di anni fa.

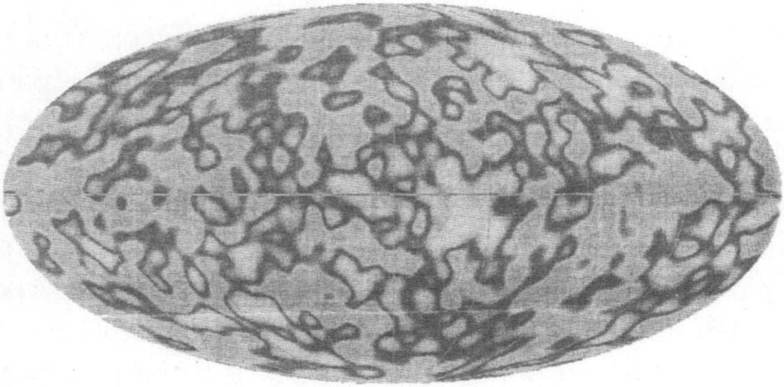

Figura 15 a. La mappa delle fluttuazioni di temperatura della radiazione cosmica di fondo ottenuta dal satellite COBE. L'intera volta celeste è raffigurata con il piano della nostra Galassia (che è stata rimossa dall'immagine durante l'analisi) allineato lungo la dimensione orizzontale.

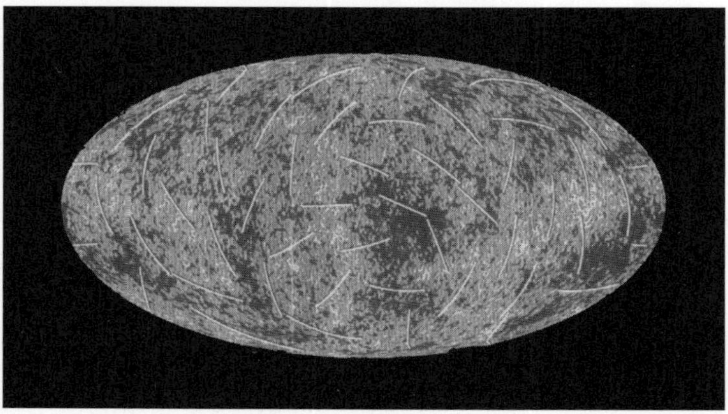

Figura 15 b. Un'immagine dell'universo primordiale ottenuta da WMAP dopo tre anni di osservazione. Si noti che i dettagli sono molto più fini che nella figura precedente. Invece di 7 gradi si distinguono dettagli inferiori a un grado d'arco. I segmenti bianchi indicano la direzione della polarizzazione della radiazione. (Da: M. Hack, *L'universo del terzo millennio*, BUR, Milano 2007, p. 299.)

Ma perché il nostro album di foto dell'universo parte da circa 300.000 anni? E prima, al momento del Big Bang o subito dopo? Com'era l'universo neonato?

Non avremo mai modo di vederlo direttamente, ma possiamo calcolare quali erano le sue temperatura e densità e da qui la sua evoluzione nei suoi primi 300.000 anni. Non avremo modo di vederlo perché alle altissime temperature iniziali la materia era sotto forma di particelle elementari, quark, elettroni, neutrini e molte altre instabili e forse molte sconosciute, poi si sono formati protoni e neutroni, particelle composte ciascuna da tre quark, e in particolare un miscuglio in egual numero di protoni carichi positivamente ed elettroni carichi negativamente, cioè un gas completamente ionizzato. Esso ha la proprietà di essere opaco, di non permettere alla radiazione di propagarsi attraverso la materia e giungere fino a noi. È come se in un gas ionizzato i fotoni rimbalzassero da una particella carica all'altra zigzagando avanti e indietro, muovendosi freneticamente ma senza avanzare, come se un'impenetrabile muraglia luminosa ci impedisse di vedere oltre. È solo dopo i primi 300.000 anni che a causa dell'espansione la temperatura si abbassa fino a circa 3000 gradi. A questa temperatura protoni ed elettroni si uniscono a formare atomi neutri. Un gas neutro è trasparente alla radiazione, che così è libera di portare a noi l'immagine dell'universo.

Però possiamo calcolare cosa è successo fra l'istante del Big Bang e 300.000 anni dopo.

Nei primissimi istanti, che identifichiamo nel momento del Big Bang senza poter specificare altro (il che dimostra la nostra ignoranza al riguardo), questa misteriosa entità che chiamiamo «universo» consisteva di una zuppa di particelle e antiparticelle elementari. Lo possiamo immaginare come qualcosa di simile ai grandi acceleratori di particelle, una specie di Large Hadron Collider naturale dove materia e antimateria sono presenti praticamente in egual numero. Ce lo dice l'esperienza: ogni qualvolta l'energia disponibile negli acceleratori crea una particella, produce anche la sua antiparticella; esse nascono sempre in coppia e collidendo si annichilano rendendo l'energia che le aveva create. Ma come mai il nostro mondo è fatto di materia? Dove è finita l'antimateria? Evidentemente ci deve essere stato un minimo, casuale eccesso di materia sull'antimateria che ha reso possibile un universo fatto di materia ed energia e non soltanto energia, un eccesso grazie al quale è stata possibile la formazione di stelle, pianeti, esseri viventi. Torneremo ancora su questo punto.

Il calcolo permette di prevedere che dopo circa tre minuti, quando la temperatura si è abbassata fino a circa un miliardo di gradi e la densità era equiparabile a quella dell'acqua, quelle particelle elementari che i fisici hanno battezzato *quark* si possono raggruppare tre a tre a formare i protoni e i neutroni. Negli istanti precedenti, le alte temperature e quindi i moti delle particelle con i loro urti avrebbero immediatamente distrutto particelle composte come protoni e neutroni. Soltanto ora le condizioni dell'universo primordiale sono tali da permettere che avvengano le più semplici reazioni nucleari, con la formazione di nuclei di idrogeno pesante (o deuterio) composti di un protone e un neutrone e anche di nuclei di elio, sia la specie più abbondante in natura composta da due protoni e due neutroni che l'isotopo più raro, due protoni e un neutrone. Ma l'espansione prosegue, la temperatura e densità diminuiscono e dopo circa sette minuti dal Big Bang le particelle non hanno più sufficiente energia per dar luogo ad altre reazioni nucleari. Ci vogliono ancora 300.000 anni perché la temperatura scenda a circa 3000 gradi e avvenga quella che viene impropriamente detta l'era della «ricombinazione», quando protoni ed elettroni, nuclei di elio ed elettroni si uniscono a formare atomi neutri – quindi una combinazione piuttosto che una ricombinazione, in quanto nelle fasi precedenti protoni ed elettroni non erano mai stati uniti. La grande novità è che il gas finalmente diventato neutro è trasparente alla radiazione, la quale può propagarsi liberamente fino a noi e mostrarci l'immagine dell'universo bambino.

Una conferma sperimentale di queste deduzioni teoriche le abbiamo dal confronto delle abbondanze di deuterio ed elio osservate. Siamo in grado di stabilire quanto deuterio e quanto elio, nelle due forme isotopiche, può essersi formato in quei pochi minuti dopo il Big Bang: circa un nucleo di deuterio ogni centomila nuclei di idrogeno, circa la stessa quantità di elio 3 e circa 10 nuclei di elio 4, il più abbondante in natura, ogni 100 nuclei di idrogeno.

Tenendo conto sia del fatto che deuterio ed elio 3 non possono formarsi nelle reazioni nucleari che avvengono nell'interno delle stelle, perché a quelle tempera-

universo bambino: gas

ture verrebbero distrutti appena formati, sia della quantità di elio 4 che le stelle di grande massa formano ed esplodendo rimettono in circolazione, si trova ottimo accordo fra le abbondanze calcolate e quelle cosmiche effettivamente osservate.

L'universo uscito dalla muraglia di luce è dunque esclusivamente composto di idrogeno ed elio, non ci sono né stelle né galassie, ma solo agglomerati più o meno densi di gas: è l'immagine dell'universo bambino.

Dopo l'immagine della fase primordiale di vita dell'universo, abbiamo la successiva immagine, quella delle lontane galassie a distanze di 13 miliardi di anni luce, quando erano passati seicento o settecento milioni di anni dal Big Bang. Queste galassie sono generalmente un po' più piccole delle galassie vicine, quelle che ci mostrano il passato prossimo, ma la loro composizione chimica non è drasticamente diversa dalla loro; non sono composte soltanto di idrogeno ed elio ma ci sono tracce degli altri elementi come indicato dalla presenza di polveri. E allora ci chiediamo: ma dove e quando si sono formati? Le reazioni nucleari che ancora oggi li producono continuamente all'interno delle stelle, possono avvenire soltanto in regioni torride e dense qual era l'universo primordiale e quali sono i noccioli stellari. Dunque prima delle galassie si devono essere formate le stelle. Probabilmente stelle molto più grosse delle attuali, perché la mancanza di polveri, che sono formate di carbonio, silicio e altri elementi ancora assenti nell'universo, fa sì che un ammasso di gas idrogeno ed elio per cominciare ad addensarsi debba essere pari a qualche centinaio o più di masse solari. Stelle così grosse hanno una breve vita, circa un milione di anni prima di esplodere come supernove. I nostri strumenti non sono stati ancora capaci di scorgere queste stelle, la cui radiazione, a causa dell'espansione dell'universo, sarà rilevabile solo nel lontano infrarosso, osservabile soltanto da satelliti. In realtà la radiazione partita dalle grandi stelle, è centrata nell'ultravioletto ma l'espansione dell'universo agisce su tutte le lunghezze: così come la lunghezza d'onda della radiazione emessa dalle galassie è tanto più spostata verso il rosso quanto maggiore è la loro distanza da noi, così anche la luce di queste grandi e caldissime stelle primordiali emessa soprattutto nell'ultravioletto viene stirata dall'espansione e può arrivarci solo sotto forma di radiazione infrarossa. Per ora si sono ottenuti solo degli indizi molto incerti della loro presenza.

Ritorniamo all'immagine dell'universo bambino. In quelle macchie più o meno calde, più o meno dense sono contenute preziose informazioni sulla geometria e sul contenuto di materia dell'universo. Le macchie hanno dimensioni diverse, ma quelle più numerose dovrebbero essere legate al percorso che la luce ha potuto fare in 300.000 anni, quando l'universo primordiale diventa osservabile. Quel percorso, da allora ad oggi è aumentato di 1000 volte, perché questa è stata l'espansione subita dall'universo, come indica il fatto che noi misuriamo una temperatura di circa 3 gradi mentre l'epoca della «ricombinazione» (quando l'universo diventa osservabile) avviene a una temperatura di circa 3000 gradi (e in un gas in espansione la temperatura varia con l'inverso della scala). Noi dunque dovremmo osservare un massimo di macchie per una dimensione angolare di 300.000 anni luce moltiplicato per un fattore di espansione 1000 da una distanza di 13,7 miliardi di anni luce: 300.000×1000 / 13.700.000.000 pari a 0,02 radianti o circa un grado d'arco.

Ed è proprio quello che si osserva, e sta ad indicare che l'universo è piano, obbedisce cioè alla geometria euclidea in cui il percorso più breve fra due punti è la linea retta. In un universo piano la luce si propaga in linea retta. Se l'universo fosse curvo e chiuso (l'analogo a tre dimensioni della superficie di una sfera) i raggi di luce si propagherebbero secondo linee curve, un fascio di raggi sarebbe formato da linee curve con la convessità diretta verso l'esterno del fascio. Un simile spazio si comporta come una lente d'ingrandimento e noi dovemmo vedere le immagini dell'universo primordiale ingrandite. Se invece l'universo fosse curvo e aperto (l'analogo a tre dimensioni della superficie di un iperboloide, che possiamo visualizzare come la superficie di una sella) i fasci di luce sarebbero formati da linee curve con la concavità diretta verso l'interno del fascio. Uno spazio simile, allora, si comporterebbe come una lente negativa e dovremmo vedere le immagini dell'universo primordiale rimpicciolite.

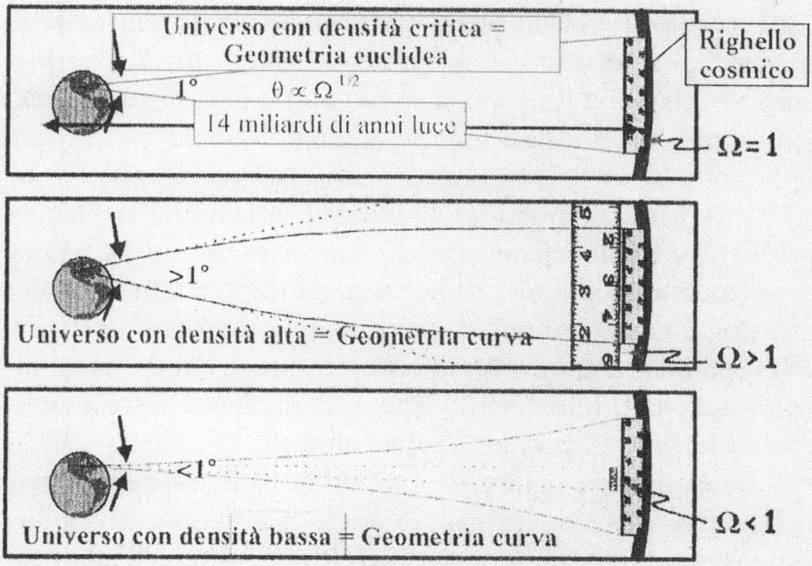

Figura 16. Propagazione della radiazione elettromagnetica in uno spazio piano o in uno curvo chiuso o in uno curvo aperto. In uno spazio piano i raggi di luce si propagano in linea retta; in uno spazio curvo e chiuso si propagano secondo linee curve con la convessità verso l'esterno del fascio di luce, mentre in uno spazio curvo e aperto si propagano ancora secondo linee curve ma con la convessità verso l'interno del fascio di raggi. (Da: M. Hack, *L'universo del terzo millennio*, cit., p. 298.)

Queste diverse modalità di propagazione della luce dipendono dal fatto che anche la luce è soggetta alla forza di gravità, e poiché la materia presente nell'universo modifica lo spazio, come aveva intuito Einstein nella sua teoria della relatività generale, lo fa agire come una lente piana, convessa o concava, a seconda della sua densità.

Come tutte le misure fisiche, anche le misure delle

strutture primordiali sono affette da un certo margine di errore, per cui l'universo potrebbe essere quasi piano e chiuso (paragonabile a una sfera con raggio enormemente grande) oppure quasi piano e aperto ma a curvatura impercettibile.

In un universo chiuso la forza di gravità ha la meglio sull'energia di espansione, il contrario in un universo aperto. Si chiama «densità critica» la densità che l'universo dovrebbe avere per essere esattamente piano, il limite di separazione fra universo curvo e chiuso e universo curvo e aperto, fra universo destinato a ricollassare su se stesso e universo in perpetua espansione.

Se la densità della materia dell'universo supera la soglia della «densità critica», la forza di gravità rallenta l'espansione tanto che questa dovrebbe arrestarsi e alla fase di espansione seguire una di contrazione e un eventuale collasso (Big Crunch) seguito probabilmente da un altro Big Bang. Se invece la densità è minore della densità critica l'universo andrà espandendo per sempre, e lo stesso accadrebbe, nel caso più improbabile che la densità sia esattamente eguale alla densità critica, nel qual caso espanderebbe all'infinito, tendendo ad arrestarsi senza arrestarsi mai. Tutto questo naturalmente in assenza dell'energia oscura che accelera l'espansione opponendosi all'energia gravitazionale e che ci prospetta invece un universo in perpetua espansione.

La densità critica dipende dal valore della costante di Hubble che indica la relazione fra le velocità di allontanamento delle galassie e la loro distanza da noi: V= Hd. Più grande è il valore di H, maggiore è la velocità d'espansione e maggiore dovrà essere la quantità di materia necessaria per fermarla e quindi la densità critica. L'inverso di H rappresenta l'età dell'universo osservabile. È intuitivo, data l'espansione dell'universo, che la densità critica sia tanto più bassa quanto più piccolo è H, perché maggiore è il tempo trascorso dal Big Bang, minore la densità media causata dal continuo aumento della scala dell'universo (intendendo per scala la distanza fra loro di due qualsiasi ammassi di galassie)*.

L'attuale valore della densità critica equivale a circa 4 o 5 atomi di idrogeno per metro cubo, pari a circa qualche millesimo di miliardesimo di miliardesimo di miliardesimo della densità dell'acqua.

Poiché le misure della radiazione fossile ottenute con BOOMERANG e poi confermate dai vari satelliti, indicano che il nostro universo è piano, la sua densità media dovrebbe essere quella critica.

---

* Si intende, non la distanza fra due stelle di una stessa galassia, perché una galassia non espande, è tenuta insieme dalla forza di gravità, e nemmeno fra due galassie di uno stesso ammasso, anch'esso tenuto legato dalla forza di gravità.

La materia oscura: vero o falso problema?

L'olandese Jan Hendrik Oort (1900-1992) misurando le velocità di rivoluzione degli ammassi globulari attorno al centro della Galassia si rese conto che, se la massa della Galassia era quella indicata dall'insieme di stelle e nebulose che ne facevano parte, non avrebbe avuto sufficiente forza di attrazione gravitazionale per mantenere gli ammassi legati a sé. D'altra parte era evidente che questi ne facevano parte, come indica la distribuzione simmetrica che essi hanno attorno al disco galattico. L'unica spiegazione plausibile a cui giunse nel 1932 fu di ammettere che la massa totale della Galassia fosse due o tre volte maggiore di quella visibile sotto forma di stelle e nubi di gas luminose.

Nel 1933 l'astronomo svizzero Fritz Zwicky (1898-1974) stimò la massa del grande ammasso di galassie visibile nella costellazione della Chioma, contenente più di mille galassie, sia in base al loro splendore, sia misurando le loro velocità entro l'ammasso stesso. Il secondo metodo, basato sui loro moti, determinati dalla reciproca attrazione secondo la legge di gravitazione, dette una massa totale 50 volte più grande. Era evidente che sia nella Via lattea che nell'ammasso della Chioma ci doveva essere una gran quantità di materia che non emetteva apprezzabile radiazione ma faceva sentire la sua presenza con la sua forza di attrazione gravitazionale. Nella Via lattea poteva trattarsi di una gran quantità di deboli stelle e di materia interstellare. Analogamente Zwicky pensò che ci fosse una gran quantità di materiale intergalattico, di stelle vaganti nell'ammasso della Chioma ma non legate a nessuna galassia, e anche galassie nane tanto debolmente luminose da non poter essere osservate.

Accurate recenti misure delle velocità di rotazione della nostra e di molte altre galassie hanno confermato questi primi risultati e mostrato che ovunque nelle galassie è presente una gran quantità di materia oscura.

Per capire meglio va ricordato che la legge di gravitazione newtoniana stabilisce che un corpo in moto a velocità V attorno a un sistema di massa M alla distanza R dal centro, resta legato ad esso quando c'è eguaglianza fra l'accelerazione centripeta V^2/R e la forza di gravità GM/R^2. Quindi la velocità di rotazione diminuisce con l'inverso della distanza. Poiché invece le osservazioni degli oggetti più periferici delle galassie, come le nubi di monossido di carbonio, che emettono onde radio, hanno mostrato che la velocità diminuisce molto più lentamente o resta quasi costante, bisogna ammettere che:

a) V/R resti costante e quindi anche M/R resti costante, e perciò che la massa M non sia una concentrazione luminosa centrale, ma che ci sia anche una componente invisibile distribuita uniformemente fino a grande distanza dal centro, in altre parole un esteso alone di materia oscura che circonda la galassia visibile;

b) oppure bisogna pensare una soluzione ad hoc, assumendo che la legge di gravitazione newtoniana debba essere modificata quando si considerano oggetti orbitanti alla periferia delle galassie, una proposta che è passata alla storia col nome MOND (Modified Newtonian Dynamics)

A complicare il problema sono arrivate le moderne osservazioni dell'universo primordiale. I nostri calcoli sulle condizioni fisiche di temperatura e densità nei primi minuti dopo il Big Bang – quando si sarebbero verificate le reazioni nucleari che hanno prodotto deuterio (o idrogeno pesante) e i due isotopi dell'elio in quantità in accordo con quelle che sono le abbondanze cosmiche misurate oggi – ci obbligano ad ammettere che le densità erano proprio quelle che, tenuto conto dell'espansione, si misurano oggi per la materia visibile, quella cioè che emette un qualche tipo di radiazione. Se la densità fosse stata molto più alta, come quella che si può dedurre tenendo conto della materia oscura, la formazione di elio sarebbe stata accelerata, portando alla distruzione del deuterio. Di conseguenza questo dovrebbe essere praticamente assente nell'universo. A meno che non si ammetta che ancora una volta la natura ci tragga in inganno, e il deuterio che osserviamo oggi si sia formato successivamente nel mezzo interstellare tramite un altro processo, detto di frammentazione. I raggi cosmici, particelle aventi velocità prossime a quelle della luce, colpendo gli atomi più abbondanti nel mezzo interstellare, come quelli di carbonio, ossigeno, neon li frantumerebbero creando idrogeno pesante ed elio in quantità casualmente compatibili coi nostri calcoli.

Ammesso che l'inganno non ci sia stato e idrogeno pesante ed elio siano davvero il prodotto delle reazioni nucleari primordiali, il problema si complica: allora di cosa è fatta la materia oscura? Non può essere materia «normale», quella che i fisici chiamano «barionica» perché composta, come tutti gli elementi che conosciamo sulla Terra, da nuclei atomici formati da «protoni» e «neutroni», chiamati «barioni» perché sono particelle pesanti se confrontate con l'altro componente di un atomo, l'elettrone, quasi 2000 volte più leggero. Perciò la materia oscura deve essere fatta di particelle elementari che hanno massa ma interagiscono molto debolmente o non interagiscono affatto con la materia e quindi sono difficilmente osservabili. L'unica particella che ha queste proprietà, e che è stata effettivamente osservata, è il neutrino. Esso ha una massa tanto piccola che per molto tempo si è pensato ne fosse privo, come nel caso del fotone. Oggi sappiamo che ha una massa inferiore al centomillesimo della massa dell'elettrone, e che è prodotto nelle reazioni nucleari che avvengono nell'interno delle stelle, e anche in grande quantità nelle fasi finali della vita di una stella di grande massa. Il neutrino però non è in grado di spiegare la materia oscura nelle galassie, perché data la sua microscopica massa ha velocità molto prossime a quella della luce e pertanto nessuna galassia è in grado di tenerlo legato a sé gravitazionalmente. Si ipotizza, allora, che al momento del Big Bang, che potremmo assimilare ad un acceleratore di enorme energia, si siano formate molte altre particelle ancora sconosciute, dette WIMPs (Weakly Interacting Massive Particles).

Resta comunque il fatto abbastanza straordinario che la materia oscura presente nell'universo, quale è indicata dalle misure dei moti stellari nelle galassie e delle galassie negli ammassi, sarebbe circa cinque volte più abbondante della materia normale, quella di cui siamo fatti noi e tutto ciò che ci circonda.

Se la soluzione MOND sembra poco accettabile, perché va a incidere sulla legge di gravitazione, va detto che anche le proposte suggerite per spiegare la materia oscura vanno a incidere sul famoso «modello standard». È questa una teoria proposta alla fine degli anni Sessanta che dà risposte a tutte le domande che riguardano le particelle elementari e le forze fondamentali – elettromagnetismo, interazione debole e interazione nucleare forte. L'unica forma di materia oscura che ci propone il modello standard è il neutrino. Ma il neutrino non basta per tutta una serie di ragioni. Prima di tutto la sua massa è così piccola che ce ne vorrebbe una quantità enorme per render conto di tutta la materia oscura. Inoltre ha una velocità appena inferiore a quella della luce e queste rapidissime particelle quasi prive di massa ostacolerebbero la formazione delle galassie, perché, come abbiamo visto, non verrebbero trattenute. Invece le ipotetiche WIMPs avrebbero masse almeno 10 miliardi di volte quella del neutrino e anche alle altissime temperature dell'universo primordiale avrebbero velocità abbastanza basse tanto da favorire formazioni come quelle che si osservano.

Le WIMPs predette in base all'ipotesi che esista tutta una serie di particelle simmetriche rispetto a quelle note, finora non sono mai state osservate, o perché la loro massa è troppo grande per essere create con l'energia di cui si dispone nei maggiori acceleratori di particelle, o perché le supposizioni fatte per immaginare la loro esistenza, di carattere più filosofico che fisico, sono sbagliate.

E allora ci domandiamo: è più eretico ipotizzare una MOND o l'esistenza delle WIMPs?

Un forte argomento a riprova che la materia oscura non è un falso problema è fornito dalle tante immagini virtuali di galassie lontane, prodotte da quelle lenti gravitazionali che sono le galassie e gli ammassi di galassie poste sul cammino della luce proveniente dalle galassie dello sfondo, che confermano la predizione di Einstein che anche la luce è soggetta alla forza di gravità.

La materia, sia normale che oscura, contenuta nelle galassie e ammassi di galassie, piega i raggi di luce provenienti dalle galassie più lontane e li focheggia come farebbe una lente ottica. Se la materia fosse solo quella visibile, essa non sarebbe sufficiente a produrre le distorsioni luminose osservate.

Ancora l'unica possibilità che ci resta, per non ricorrere a MOND o alle WIMPs, è di ammettere che il deuterio e gran parte dell'elio presente nell'universo non sono il prodotto della nucleosintesi primordiale ma del processo di frammentazione, che del resto è l'unico processo in grado di spiegare la formazione di gran parte del litio e del berillio e boro, perché tutti questi elementi appena for-

buchi materia interstellare

mati, vengono poi distrutti in una serie di processi che hanno per prodotto finale l'elio, a temperature di appena mezzo milione di gradi per il deuterio e di 5 milioni per il boro, temperature più basse di quelle dell'interno di una stella giunta alla fase di stabilità, la più lunga della sua vita, in cui la sua fonte di energia è la trasformazione di idrogeno in elio. In questo caso la materia oscura potrebbe essere materia normale, sotto forma di un gran numero di deboli stelle, resti di supernove in forma di stelle di neutroni o anche buchi neri, materia interstellare, grossi pianeti come Giove o anche molto più grossi. Ma anche questa spiegazione presenta problemi perché occorrerebbe un numero difficilmente accettabile di questi oggetti per render conto di tutta la materia oscura.

E se gli ammassi di galassie non avessero tutta questa enorme quantità di materia oscura? E invece di essere stabili si dissolvessero, nel giro di miliardi di anni liberando i loro membri?

Che cos'è l'energia oscura?

La materia oscura non è il solo problema che turba i sonni dei cosmologi. Molto più recentemente si è scoperta un'altra «oscurità». Misure più precise della distanza delle più lontane galassie hanno portato ad una revisione della semplice legge di Hubble, secondo cui la velocità di allontanamento delle galassie da noi cresce al crescere della loro distanza, legge che come abbiamo avuto modo di vedere sta ad indicare che è lo stesso spazio ad espandere, trascinando le galassie nel suo moto. La costante di Hubble era affetta da forti errori perché la misura delle distanze era estremamente incerta, basata sull'assunzione che certi particolari oggetti avessero lo stesso splendore intrinseco ovunque e quindi dallo splendore apparente si potesse risalire alla distanza. La prima causa di errore fu di assumere per un gruppo di stelle variabili dette Cefeidi, uno splendore intrinseco circa dieci volte minore del vero e quindi sottostimare tutte le distanze. L'ultimo e più attendibile metodo di misura delle distanze è usare come indicatore un particolare tipo di supernove, chiamate SN Ia.

Tutte queste stelle quando esplodono mostrano un'identica legge di variazione di luminosità e si ritiene plausibile l'ipotesi che il massimo splendore che raggiungono sia praticamente sempre lo stesso. Esse rappresentano oggi il miglior indicatore di distanze di cui disponiamo, ed essendo intrinsecamente molto splendenti al massimo di luce, sono visibili anche nelle più lontane galassie. Da molti anni gruppi di ricercatori hanno dato e danno la caccia a questo tipo di supernove. Si sperava fra l'altro di verificare se la velocità di espansione dello spazio indicata dalle più lontane galassie, e quindi relativa al passato remoto, fosse eguale o maggiore di quella indicata dalle galassie più vicine e quindi relativa al passato prossimo. Infatti ci si aspettava che la stessa forza di autogravità dovuta alla materia presente nell'universo frenasse l'espansione.

Oggi se ne conosce qualche centinaio in altrettante galassie, ed è stato possibile ottenere l'ultima versione della legge di Hubble. La sorpresa è stata di constatare che mentre fino a circa 6 miliardi di anni fa l'espansione andava effettivamente rallentando, ha poi preso ad accelerare come se ci fosse una forza che si oppone alla forza di gravità e che questa abbia preso il sopravvento appunto 6 miliardi di anni fa.

Dunque anche quello che Einstein aveva definito il suo più grande errore – ipotizzare l'esistenza di una costante cosmologica che si opponesse alla forza di gravità e impedisse all'universo di collassare su se stesso – non era sbagliato. Una forza che si oppone alla gravità esisterebbe davvero, e mentre la forza di gravità diminuisce con l'espansione e la susseguente diminuzione della densità media dell'universo, una misteriosa costante cosmologica finirebbe per prevalere accelerando l'espansione.

Cosa sia questa forza che accelera l'espansione non lo sappiamo. Durerà per sempre? Il destino dell'universo sarà di diventare sempre più vuoto?

Come abbiamo già visto, l'equilibrio dipende dal rapporto tra il valore della densità dovuta alla materia che forma l'universo e la «densità critica». Ma come determinare la quantità di materia contenuta nell'universo osservabile? Da conteggi di stelle nelle galassie più vicine e da stime dedotte dal loro splendore totale nel caso delle galassie più lontane, per quanto riguarda la materia visibile; dal moto delle stelle nelle galassie e delle galassie negli ammassi, che ci danno la massa totale, materia visibile e materia oscura; ma anche grazie alle immagini virtuali di lontane galassie formate dalle galassie frapposte fra loro e noi che fungono da grandi lenti gravitazionali, le quali ci forniscono anch'esse una stima della massa totale – materia visibile e materia oscura; senza dimenticare, infine, il contributo della materia interstellare e intergalattica dedotto dalle loro emissioni di radioonde. Il risultato è che materia visibile e materia oscura insieme sono ben lontane dal raggiungere la densità critica: la materia visibile ammonta al 4 o 5%, la materia oscura al 23%; il rimanente 72 o 73% si deve attribuire all'energia oscura, che per l'equivalenza fra massa ed energia, stabilita dalla relazione trovata da Einstein $E = mc^2$, contribuisce anch'essa al contenuto di materia nell'universo.

Molte ipotesi esoteriche sono state proposte per spiegare questa misteriosa componente dell'universo. Ma c'è anche chi si è posto la domanda se non possa trattarsi di un falso problema. Uno di questi è il cosmologo sudafricano George Ellis. Egli suggerisce che la nostra Galassia e tutti gli oggetti, galassie e ammassi di galassie relativamente vicini (il che vuol dire entro qualche centinaio di milioni di anni luce) si trovino al centro di una regione grosso modo sferica in cui la densità di materia è più bassa che nelle regioni confinanti – una specie di bolla semivuota immersa in un mezzo un poco più denso. L'autogravità che dovrebbe rallentare l'espansione sarà più debole di quella delle zone circostanti, la decelerazione minore e quindi rispetto alle altre zone ci sembrerà che dentro la bolla l'espansione sia accelerata. È un'idea suggestiva, che viola però il principio cosmologico, che è un *postulato* fondamentale su cui si basa la cosmologia. Esso stabilisce che, a grande scala, l'universo è omogeneo e isotropico. Da questo segue che la nostra Galassia non è collocata in una particolare regione dello spazio, e che ogni osservatore situato in qualsiasi galassia vedrebbe le stesse caratteristiche generali dell'universo. Però *postulato* significa «affermazione non dimostrata e non dimostrabile che si ammette come vera perché è necessaria come fondamento di una teoria scientifica.» D'altra parte le passate esperienze ci insegnano ad essere prudenti, prima di accettare di trovarsi in un luogo speciale. Ci siamo già cascati più volte: la Terra centro dell'Universo, il Sole e il sistema solare unici nell'universo, il Sole al centro della Via lattea, la Via lattea che riempie l'intero universo.

Ma un'altra più ovvia spiegazione potrebbe essere che sia sbagliata l'assunzione che le supernove di quella particolare classe SN Ia abbiano tutte praticamente lo stesso splendore intrinseco. Potrebbe anche darsi che quelle situate nelle galassie più lontane e quindi viste in un passato più remoto abbiano caratteristiche leggermente diverse da quelle viste in un passato prossimo. Per esempio leggere differenze di composizione chimica. Sappiamo bene che nella nostra Via lattea le stelle di più antica formazione sono più povere di elementi pesanti delle stelle di formazione recente. Tutte le nostre misure di distanza sarebbero falsate e si ripeterebbe l'errore fatto assumendo le Cefeidi come misuratori di distanza delle galassie.

Certo che se davvero l'espansione stesse accelerando, questo avrebbe per risultato che l'universo diventerebbe sempre più vuoto e si avvierebbe ad una fine irreversibile, mentre in assenza dell'energia oscura si ipotizzavano altre possibilità per il futuro dell'universo, dipendenti dalla densità della materia in esso contenuta, come – per densità maggiori della densità critica – una continua diminuzione della velocità di espansione, fino ad una successiva fase di contrazione, un *big crunch* eventualmente seguito da un altro Big Bang. che ha originato il modello dell'universo evolutivo

I problemi dell'universo originato dal Big Bang

Il modello dell'universo evolutivo, originato dal Big Bang presenta due problemi, quello dell'orizzonte e quello della piattezza.

Il primo deve rispondere alla domanda: come mai l'universo mostra di avere ovunque le stesse caratteristiche generali anche se regioni diametralmente opposte rispetto a noi non hanno mai avuto nessuna notizia l'una dell'altra, perché la luce proveniente da una di esse non ha avuto il tempo di raggiungere l'altra? Infatti se il Big Bang è avvenuto 13,7 miliardi di anni fa, come indica la più recente determinazione della costante di Hubble, la massima distanza che la luce ha percorso fino ad oggi è 13,7 miliardi di anni luce, mentre galassie lontane da noi 13 miliardi di anni luce ma diametralmente opposte rispetto a noi sono separate da 26 miliardi di anni luce e quindi non hanno mai avuto alcuna conoscenza l'una dell'altra.

Il secondo problema deve spiegare perché il nostro universo è piano, come indicano le più recenti misure della radiazione fossile. Infatti, l'universo originato dal Big Bang poteva avere infinite curvature sia positive (universo chiuso) sia negative (universo aperto) e l'universo piano sarebbe il caso unico intermedio fra le due serie di universi curvi chiusi o aperti, e quindi il caso che ha la minore probabilità di verificarsi.

Va ricordato che in realtà le nostre osservazioni, tenuto conto degli errori di misura, indicano un universo che potrebbe essere *quasi* piano e chiuso oppure *quasi* piano e aperto.

La soluzione proposta per risolvere ambedue questi problemi è stata l'ipotesi dell'«universo inflazionario».

Questo tipo di scenario prevedrebbe che in una frazione infinitesima di secondo l'universo si sia dilatato di miliardi di miliardi di miliardi di miliardi di volte. In quell'attimo infinitesimo tutti i punti dell'universo sarebbero stati in contatto fra loro e poi l'inflazione li avrebbe separati per sempre. Anche il problema della piattezza sarebbe risolto perché il raggio dell'universo diventa talmente grande che la curvatura dello spazio risulta trascurabile. È come sulla Terra: sebbene sia praticamente sferica, è impossibile accorgersene se ci si limita a considerare una piccola porzione della sua superficie, come per esempio quella occupata da una città.

L'ipotesi inflazionistica fu proposta alla fine degli anni Settanta dal fisico sovietico Aleksej Starobinskij, ma rimase quasi ignorata. Nel 1981 un'ipotesi simile fu proposta dallo statunitense Alan Guth e poi sviluppata dal sovietico Andrej Linde.

Naturalmente è impossibile verificare questa ipotesi, che resta una soluzione *ad hoc* in grado di spiegare le osservazioni, ma che ha delle giustificazioni teoriche basate su delle analogie molto azzardate. Si parte cioè dall'analogia con quello che avviene per l'acqua. L'acqua si trova allo stato gassoso come vapor acqueo e allo stato solido come ghiaccio. Alla pressione del livello del mare l'acqua passa allo stato gassoso alla temperatura di cento gradi centigradi e allo stato solido alla temperatura di zero gradi centigradi. Questi passaggi da stato gassoso a liquido e da stato liquido a solido sono chiamati «transizioni di fase». Per passare dallo stato solido a liquido dobbiamo fornire calore. L'acqua può restare allo stato liquido anche a temperature un po' inferiori allo zero purché venga raffreddata molto lentamente e senza essere soggetta a nessun disturbo. Questo stato è però instabile e basta un minimo disturbo perché precipiti in ghiaccio liberando calore.

Guth fa l'ipotesi che al momento del Big Bang l'universo si trovi in uno stato analogo a quello dell'acqua superraffreddata. Si suppone anche che alle altissime temperature e densità iniziali ci fosse un'unica forza fondamentale, e quando la gravitazione si distinse dalle altre tre che conosciamo oggi – elettromagnetismo, interazione nucleare debole e interazione nucleare forte – si liberò l'energia che ha dato luogo a una espansione a velocità di gran lunga superiore a quella della luce. Ciò sarebbe possibile perché è lo spazio vuoto che espande, mentre il limite relativistico si applica alla materia. Esaurita l'energia liberata dalla transizione di fase l'espansione prosegue alla molto minore velocità che osserviamo oggi.

Ma perché la forza gravitazionale si sarebbe separata da elettromagnetismo, interazione nucleare forte e interazione nucleare debole, che sono le altre tre forze che governano il nostro universo? Tutto nasce dall'idea che le quattro forze fondamentali siano aspetti diversi di un'unica forza primordiale. Idea suggerita da un desiderio este-

Carlo Rubbia

Democrito atomo

tico di semplificazione, analogo a quello che suggerì a Democrito che tutta la materia fosse composta da minuscole particelle indivisibili, che chiamò *atomi*, e poi dalla scoperta di Maxwell nel 1878 che elettricità e magnetismo sono differenti aspetti di una stessa forza, e infine dalla teoria proposta da Steven Weinberg e Abdus Salam nel 1967 che elettromagnetismo e interazione nucleare debole siano due aspetti della stessa forza che si identificano a energie molto grandi, maggiori di 100 miliardi di elettron volt, che corrispondono a temperature di circa un milione di miliardi di gradi, energie raggiungibili negli acceleratori, e infatti Carlo Rubbia ha potuto verificarla al CERN nel 1983. Si suppone che anche questa forza unificata, chiamata elettrodebole potrebbe unificarsi con la forza nucleare forte a energie ancora maggiori, corrispondenti a temperature di un miliardo di miliardi di miliardi di gradi, e che ad energie ancora più alte e istanti ancora più vicini al Big Bang anche la forza di gravità sarebbe stata unificata con le altre tre.

Questo continuo inseguirsi di ipotesi, suggerisce che a certi livelli la moderna astrofisica si nutre di speculazioni quasi metafisiche, soprattutto in fasi in cui dalle osservazioni disponibili non si riesce a trarre un quadro organico che risponda a tutte le impasse teoriche. Le domande senza risposta certa, come vedremo, sono tante, e contribuiscono a rendere il mistero dell'universo più intricato di quello di Dio – visto ovviamente non dall'interno dei dogmi dottrinari di una qualsiasi religione, ma con lo sguardo distaccato e laico di chi si interroga sulla necessità stessa del concetto di Dio. Interrogarsi sull'origine, l'evoluzione e la fine dell'universo, sulla sua estensione, eternità o ciclicità, presenta forti analogie con le secolari speculazioni sulla natura di Dio (non solo quello cristiano). Ma se i concetti-limite che affrontano religione e astrofisica hanno qualcosa in comune, la differenza la fanno gli strumenti di indagine, che nel caso delle leggi della fisica note o via via affinate e scoperte, danno la sensazione esaltante di toccare con mano la vita stessa di questo immenso organismo in cui siamo immersi.

Il problema della materia e antimateria

Un'altra domanda che ci poniamo è: perché nell'universo ci sono solo tracce di antimateria?

Einstein aveva dimostrato l'equivalenza fra massa ed energia. La celeberrima formula $E = mc^2$ mostra che anche una piccola quantità di materia può liberare un'enorme quantità di energia, pari al prodotto della massa per un numero molto grande quale il quadrato della velocità della luce. Una previsione verificata tragicamente dalle bombe su Hiroshima e Nagasaki e che oggi è utilmente sfruttata per usi pacifici nelle centrali nucleari.

Negli acceleratori di particelle, come ad esempio il LHC del CERN, si utilizza energia per creare e studiare le particelle elementari, e scoprirne di eventuali altre ancora sconosciute. L'osservazione indica che le particelle si creano *sempre* in coppia: particella ed antiparticella, elettrone e positrone, protone ed antiprotone, dove l'antiparticella ha identica massa della particella ma carica opposta, e nel caso di particelle neutre, opposto senso di rotazione (lo spin). Nello scontro fra particella ed antiparticella la massa si annichila liberando una equivalente quantità di energia.

Alle temperature (o energie) presenti all'istante del Big Bang, la materia doveva essere sotto forma di una caotica «zuppa» di particelle ed antiparticelle. Come mai nell'universo si osservano solo tracce di antimateria, sotto forma di positroni e antiprotoni presenti nei raggi cosmici? Come mai stelle e galassie sono fatte di materia e non ci sono antistelle e antigalassie? Infatti se ci fossero anche galassie fatte di antimateria, negli ammassi dove gli scontri fra galassie sono frequenti, si assisterebbe a delle spaventose esplosioni; se nelle galassie ci fossero nebulose e antinebulose, osserveremmo grandi esplosioni, se fra le meteoriti e meteore che continuamente penetrano nella nostra atmosfera ce ne fossero alcune composte di antimateria, saremmo spettatori di frequenti «fuochi d'artificio», ma con esplosioni di potenza paragonabile a qualche bomba atomica. Dobbiamo concludere che il nostro universo è composto di materia. E che ne è stato dell'antimateria?

Noi possiamo porci tutte queste domande proprio grazie a questa proprietà dell'universo. Se materia e antimateria fossero rimaste in egual misura, noi non ci saremmo, non ci sarebbero le stelle e i pianeti, ma solo un enorme oceano di energia.

La spiegazione che possiamo dare è che casualmente su un miliardo e uno di particelle ci sia stato un miliardo di antiparticelle. Tutte le coppie si sono annichilite liberando un'enorme quantità di energia. Indizi a favore di questa ipotesi sono due: esiste una particella instabile, chiamata kaone, la cui vita media, di circa un centomilionesimo di secondo, è appena un po' più lunga di quella dell'antikaone il che avrebbe prodotto l'asimmetria a favore della materia; inoltre la densità di energia nell'universo è circa un miliardo di volte superiore alla densità di materia, ossia c'è molta più energia che materia nell'universo.

Potrebbe essere stata l'energia prodotta dall'annichilimento di tutte le coppie di particelle ed antiparticelle a dare origine all'espansione?

Alcune domande quasi metafisiche

Come si vede le questioni aperte sono di importanza capitale. Visto che nulla è provato in maniera incontrovertibile è lecito interrogarsi su tutto ciò che sappiamo sull'universo. Ma il Big Bang c'è stato davvero? E l'inflazione? L'universo ha avuto un inizio e avrà una fine? Oppure è infinito nel tempo e nello spazio? Quello che chiamiamo universo è veramente tutto ciò che esiste, oppure è soltanto uno fra infiniti altri universi?

Potremo mai dare una risposta a queste domande? Intanto riassumiamo.

A riprova che il Big Bang sia avvenuto realmente abbiamo tre fatti: a) l'esistenza della radiazione fossile a 3 gradi kelvin; b) le abbondanze cosmiche di deuterio e dei due isotopi dell'elio; c) l'espansione dell'universo.

Oggi non conosciamo una valida alternativa al Big Bang. Ma non sappiamo perché è avvenuto, qual è l'energia che lo ha prodotto, se c'era qualcosa prima del Big

Bang o se l'universo – lo spazio e il tempo – sono venuti in essere col Big Bang. Il Big Bang ci dice soltanto che circa 14 miliardi di anni fa la materia era estremamente densa e ad altissima temperatura, e che l'espansione ha causato una continua diminuzione di temperatura e densità la quale ha prodotto tutta la serie di modifiche che osserviamo: la formazione di protoni e neutroni, le reazioni nucleari con formazione di deuterio ed elio, le prime grandi stelle, che hanno costruito tutti gli altri elementi necessari per formare i pianeti e gli esseri viventi, le galassie e gli ammassi di galassie.

L'inflazione c'è stata davvero? O è un'invenzione *ad hoc* che serve a spiegare alcuni problemi del modello di universo originato dal Big Bang?

L'universo è finito o infinito? E se è infinito, come sarebbe il caso di un universo quasi piano e aperto, è infinito non solo nello spazio ma anche nel tempo? Ha senso parlare di spazio e tempo?

Nel nostro mondo, spazio e tempo sono entità ben distinte. Noi ci muoviamo in uno spazio a tre dimensioni, ogni oggetto, ogni essere vivente ha tre dimensioni – altezza, larghezza, lunghezza. Siamo incapaci di visualizzare una quarta dimensione spaziale, anche se nelle astrazioni matematiche si parla comunemente di spazi a *n* dimensioni. Nello spazio ci possiamo muovere in alto e in basso, in una direzione o nella direzione opposta. Il tempo è qualcosa di molto più sfuggente. Tutti sappiamo cos'è il tempo, perché al giorno si alterna la notte, perché a un anno ne segue un altro, perché il nostro corpo, come tutto ciò che ci circonda cambia, ma a differenza dello spazio, in cui ci possiamo muovere in tutti i sensi, il tempo scorre in una sola direzione, dal passato verso il futuro, dall'infanzia alla vecchiaia, dalla nascita alla morte. Eppure spazio e tempo sono intimamente connessi, come dimostra la teoria della relatività generale. È questa una teoria della gravità, che interpreta la forza di gravità come una distorsione dello *spazio-tempo* prodotta da un corpo dotato di massa.

Ricordiamo che per Newton la forza di gravità era una forza attrattiva fra due corpi, proporzionale al prodotto delle masse e inversamente proporzionale al quadrato della distanza, una forza misteriosa perché agiva istantaneamente a distanza, senza alcun tipo di contatto fra i corpi, il che rendeva Newton assai perplesso. Per Einstein invece una massa distorce lo spazio, come farebbe una palla di ferro poggiata su un tappeto di gomma, ed è questa distorsione che guida i moti dei pianeti attorno al Sole, del Sole attorno al centro della Galassia. Però Einstein dimostra anche che la forza di gravità influenza il tempo, che scorre più o meno velocemente a seconda del campo gravitazionale a cui è soggetto: un orologio posto al livello del mare è più lento di uno che si trovi in alta quota, per esempio sulla cima dell'Everest. Le differenze sulla Terra sono minime, ma fra un campo gravitazionale come quello dello spazio intergalattico praticamente vuoto e quello alla superficie di una grossa stella sarebbero ben misurabili. Comunque la dipendenza dello scorrere del tempo sia dal campo gravitazionale, sia dalla velocità a cui si muove l'orologio, è stata confermata da esperimenti condotti da Terra e da aerei supersonici.

Le nostre osservazioni ci permettono di immaginare un universo infinito nel tempo e nello spazio, senza confini e senza inizio né fine? Proviamo ad immaginare che l'universo sia infinito nel tempo e nello spazio, non abbia confini e sia sempre esistito, che sia una proprietà della materia liberare l'energia che lo fa espandere, e la gravità che lo fa ricollassare.

L'universo infinito potrebbe essere per sua natura uniforme ovunque e quindi non ci sarebbe il problema dell'orizzonte, e nemmeno quello della piattezza, essendo per definizione infinito. Potrebbe, pur essendo infinito, avere avuto una, o più fasi in cui la materia aveva altissime densità e temperature, seguite da una o più fasi di espansione come quella che stiamo osservando? Facciamo un esempio: immaginiamo un oggetto ideale praticamente a una dimensione (in realtà una dimensione – la lunghezza – molto maggiore delle altre due) come una molla infinitamente lunga. Una qualche forma di energia ha compresso le spire della molla; il rilascio di questa energia fa allargare le spire, la molla si allunga, ma essendo infinita e non essendoci limite all'infinito ha sempre posto per espandersi, le spire potrebbero seguitare ad allargarsi indefinitamente, oppure se la forza che le ha compresse può prendere il sopravvento, si potrebbe avere una nuova fase di compressione.

Un universo infinito nel tempo e nello spazio deve postulare l'esistenza dell'*Energia*, che creerebbe le particelle elementari, da cui tutto il resto, dalle stelle alle forme di vita biologica che conosciamo sul nostro pianeta. Potremmo anche sostituire alla parola Energia la parola Dio, senza attribuire a questo Dio nessuna delle prerogative che gli attribuiscono le varie religioni, ma solo una forma di energia che spiega tutto ciò che esiste, un'energia che può assumere le caratteristiche di particelle elementari, che avrebbero insita in sé la proprietà di aggregarsi in forme sempre più complesse fino agli esseri viventi, dai più semplici ai più complessi quali siamo noi, come dimostra la teoria darwiniana dell'evoluzione.

Questa rappresentazione dell'universo è altrettanto arbitraria e altrettanto o forse più plausibile dell'universo inflazionario. E certamente, almeno secondo me, meno infantile che immaginare un «babbo», il Padre eterno, che ha creato tutto ciò che noi osserviamo e di cui tentiamo faticosamente di ricostruire le ragioni, le caratteristiche, le leggi che lo regolano, il perché ultimo, che potrebbe pure non esistere, ed essere, probabilmente, solo una nostra necessità di creature senzienti.

La domanda più difficile

Tutte queste riflessioni, ai confini della metafisica, ruotano intorno al problema su cui tutti gli scienziati si arrovellano: l'universo è finito o infinito? Newton fu forse il primo a cercare di dare una risposta scientifica a questa domanda. Nel 1692 in una lettera al pastore inglese Richard Bentley, Newton affermava che se l'universo fosse finito, la forza di gravità avrebbe raccolto tutta la materia verso il suo centro, non ci sarebbero state le singole stelle ma solo una grande «ammucchiata» di materia, distribuita uniformemente perché la forza di gravità agisce uniformemente in tutte le direzioni. Però l'argomento usato da Newton era sbagliato, perché lo stesso sarebbe dovuto avvenire anche nelle singole galassie, che possiamo osservare, e che sono certamente finite. La materia – stelle, nebulose, mezzo interstellare – non cade verso il centro, perché ruota attorno ad esso, come i pianeti ruotano attorno al Sole. E anche l'idea che la materia debba distribuirsi uniformemente è sbagliata, perché basta un piccolo casuale addensamento per attrarre altra materia, e dare luogo così alla formazione delle galassie.

Un altro tentativo per stabilire la finitezza o meno dell'universo lo fece Edmund Halley, famoso per la scoperta della periodicità della cometa che porta il suo nome. Halley pensava che se il numero di stelle fosse infinito, il cielo notturno dovrebbe apparire uniformemente brillante, perché in qualunque direzione si rivolga lo sguardo, incontreremmo sempre una stella; un universo infinito conterrebbe infinite stelle e la volta celeste sarebbe uniformemente splendente. Questo ragionamento è passato alla storia come il paradosso di Olbers, dal nome dell'astronomo tedesco Heinrich Olbers (1758-1840) che lo formulò nel 1826. Quindi Halley arrivò a una conclusione opposta a quella di Newton, oppure che le stelle più lontane sono troppo deboli per essere visibili, ma qui si sbagliava perché una stessa area di cielo doveva essere sempre egualmente brillante perché il numero di stelle (o di galassie) in essa contenute cresceva al crescere della distanza al quadrato, mentre diminuiva la loro luminosità con l'inverso del quadrato della distanza, e i due effetti si compensavano perfettamente. Olbers suppose che l'assorbimento di un sottile mezzo interstellare spiegasse perché il cielo notturno è buio, senza pensare che questo mezzo, assorbendo la luce delle stelle, diventerebbe a sua volta egualmente luminoso perché riemetterebbe l'energia assorbita. In realtà il paradosso è spiegato dal fatto che l'universo *che noi possiamo osservare* è finito, perché è cominciato con il Big Bang circa 14 miliardi di anni fa. Noi possiamo osservare solo oggetti più vicini di 14 miliardi di anni luce – che è il nostro orizzonte cosmico. Fra altri 5 miliardi di anni, quando il nostro Sole sarà diventato una gigante rossa e la Terra sfiorata dalla superficie del Sole sarà un pianeta incandescente, l'orizzonte cosmico sarà di quasi 19 miliardi di anni luce e molte altre galassie diverranno osservabili.

Se soltanto dopo la scoperta della radiazione fossile e la misura dei dettagli presenti nell'immagine dell'universo «bambino» fatta da BOOMERANG, COBE, WMAP, PLANCK, è stato possibile stabilire qual è la geometria dell'universo, analoghi tentativi di rilevare la curvatura della Terra da misure geometriche erano stati fatti già nel 1827 da Karl Friedrich Gauss (1777-1855). Egli aveva misurato gli angoli del triangolo avente per vertici la vetta di tre montagne – Brocken, Hohehagen e Inselberg. In un triangolo piano la somma degli angoli è 180 gradi, mentre sulla superficie di una sfera, che ha per lati tre archi di circoli massimi la somma supera 180 gradi, e sulla superficie di un iperboloide è minore di 180 gradi. Gli errori di misura erano troppo grandi per ottenere una conferma sperimentale, però Gauss capì che in linea di principio, misurando gli angoli di un triangolo formato da tre stelle o da tre galassie sarebbe stato possibile stabilire anche la geometria dell'universo.

Il nostro universo è tutto ciò che esiste?

Quando parliamo di *universo* intendiamo «l'insieme di tutto ciò che esiste», oppure di tutto ciò che è osservabile, sottintendendo però che esso possa essere anche molto più esteso, infinito, non accessibile ai nostri strumenti. Ma siamo proprio sicuri che sia così? Gli antichi ritenevano che l'universo fosse una sfera al cui centro era la Terra, poi il Sole e il sistema solare; all'inizio del XX secolo ci si domandava se la Via lattea abbracciava tutto l'universo, poi si sono scoperte miliardi di altre galassie. Oggi ci chiediamo se l'universo è veramente tutto ciò che esiste, o è solo uno fra infiniti altri: se le leggi fisiche che abbiamo faticosamente scoperto nel corso dei secoli sono veramente universali, oppure in regioni incommensurabilmente lontane possano essere diverse. Una domanda a cui non potremo mai rispondere, perché per definizione eventuali altri universi sono al di fuori del nostro osservabile universo. Tuttavia l'idea che il nostro sia solo uno fra tanti universi, non si può scartare.

L'idea del «multiverso» è una conseguenza del «principio antropico». Tale principio sostiene che la vita intelligente non può esistere altro che in particolari luoghi e in particolari epoche. Per esempio su un pianeta come la Terra a una distanza dal suo sole tale da mantenere l'acqua allo stato liquido, e la cui composizione chimica deve essere tale da contenere elementi essenziali come carbonio, azoto, ossigeno, idrogeno; quindi la vita può apparire solo in universi in cui questi elementi siano stati costruiti. Un universo in cui la costante di gravitazione fosse stata maggiore di quello che è, sarebbe ricollassato su se stesso, e le stelle e le galassie non si sarebbero potute formare: se invece la costante di gravitazione fosse stata minore di quello che è, l'universo sarebbe espanso tanto rapidamente da impedire la formazione di stelle e galassie. Senza le stelle non si sarebbero potuti formare tutti gli elementi necessari alla vita. Solo quando questi elementi si saranno formati in quantità sufficiente potrà nascere la vita. In conclusione il principio antropico suggerisce che l'universo abbia proprietà tali da permettere la vita, sia in un certo senso finalizzato a questo scopo. Ma si può anche obiettare che la vita si è sviluppata perché l'universo aveva, casualmente, le proprietà adatte. Di qui l'idea del multiverso, che esistano cioè infiniti universi o scomparti di un infinito universo, separati da distanze molto più grandi del nostro osservabile universo, ciascuno con proprietà diverse, obbedienti a diverse leggi fisiche, e allora è ovvio che la vita si sviluppi in quegli universi o regioni di un infinito universo, in cui ci sono le condizioni favorevoli.

Per quale ragione, fisicamente plausibile, ci potrebbero essere molti, magari infiniti universi?

Una risposta ci viene data dal mondo microscopico

delle particelle elementari, che ci suggerisce anche come un universo o più universi possano originarsi dal nulla.

Il principio di indeterminazione di Heisenberg e gli universi originati dal nulla

Un principio fondamentale della fisica quantistica fu formulato da Werner Heisenberg nel 1927.

Esso afferma che è impossibile conoscere simultaneamente sia la posizione che il momento (prodotto della velocità per la massa) di una particella. Più precisamente si conosce la posizione più indeterminata è la velocità, e viceversa, più accuratamente si conosce la velocità più incerta è la posizione. Alla base di questo principio sta l'osservazione che quando si esegue una misura fisica su un oggetto, lo strumento di misura disturba l'oggetto da misurare. Se per esempio immergiamo un termometro in un bicchier d'acqua per misurarne la temperatura, questa verrà leggermente modificata dalla temperatura del termometro.

Oppure, se osserviamo la traiettoria descritta nel vuoto da una pallina, la pressione della luce in linea di principio dovrebbe influenzarne il moto, ma l'effetto sarebbe completamente trascurabile. Ma se invece della pallina considero un elettrone, l'effetto diventa ben misurabile. Heisenberg immagina un esperimento ideale che gli permette di stabilire la sua famosa relazione $dx.dp > h$, dove h è la costante di Planck e p il momento, ossia il prodotto della velocità per la massa m della particella. Se cioè la nostra particella ha posizione compresa fra $x+dx$ e $x-dx$ e momento fra $p+dp$ e p–dp, dx e dp obbediscono alla relazione dx.dp > *h*, che possiamo anche scrivere dx.dv > h/m. Qual è il significato di *h*? Essa dice che la minima indivisibile quantità di energia di un fotone (o *quantum*) è data dal prodotto $h\nu$ dove $\nu = c/\lambda$ è la frequenza della radiazione considerata, ed *h* è uguale a $6,6\ 10^{-27}$ erg sec. Se abbiamo a che fare con un elettrone, la cui massa è circa 10^{-27} grammi, l'incertezza dx.dv sarà maggiore di 6,6, mentre se consideriamo una pallina di pochi grammi l'incertezza è praticamente zero, ossia noi possiamo in pratica conoscerne simultaneamente posizione e velocità.

Qual è il significato profondo del principio di indeterminazione? Che a livello atomico dobbiamo abbandonare il concetto di traiettoria di un oggetto come linea matematica, esattamente definita e pensare che i moti delle particelle non sono strettamente determinati, ma esse si muovono entro un certo intervallo guidato da onde di probabilità, che rappresentano come delle traiettorie allargate delle linee matematiche della meccanica classica. Noi possiamo stabilire la probabilità che una particella sia in un dato luogo in un dato istante, ma non possiamo stabilirlo con certezza.

Ma cosa c'entra tutto questo con l'universo e la sua possibile origine?

Dalla teoria della fisica quantistica segue che il principio di Heisenberg si applica anche a un'altra coppia di variabili, l'energia di un sistema materiale E al tempo *t*: dE.dt > h.

Per esempio se si conosce esattamente lo stato di energia in cui si trova un atomo, è impossibile dire quanto tempo resterà in quello stato. Lo stesso vale per la radioattività: non è possibile predire quando un nucleo radioattivo emetterà una particella alfa, o un protone.

È anche possibile ipotizzare che in un intervallo infinitesimo di tempo si crei un'enorme quantità di energia, da cui potrebbe aver avuto origine il nostro universo, e continuamente se ne possano creare altri.

Quello spazio che chiamiamo «vuoto», secondo la fisica quantistica non esiste, ed è invece sede di una continua microscopica attività. Particelle e antiparticelle instabili, la cui vita media è di una durata infinitesima, e perciò dette «virtuali», si formerebbero e scomparirebbero continuamente rilasciando l'energia necessaria per la loro creazione. L'universo o gli universi sarebbero il risultato di queste imprevedibili fluttuazioni quantistiche del vuoto.

Vari astrofisici teorici hanno sviluppato teorie sull'origine dell'universo basate su differenti idee, tutte più o meno plausibili, e hanno dato luogo a quel campo di ricerca, noto come «cosmologia quantistica», che per ora è altamente speculativo e non sappiamo ancora se le sue tesi saranno mai verificabili grazie alle osservazioni. Gli iniziatori di questi studi, molto esoterici, sono stati James Hartle dell'Università di California a Santa Barbara, Stephen Hawking che occupa la cattedra che fu di Newton, all'Università di Cambridge, Andrej Linde dell'Istituto di Fisica Lebedev a Mosca e Alexander Vilenkin dell'Università Tufts (Boston).

In realtà non credo sia giustificato chiamare ipotesi e tanto meno teorie tutte queste idee sulla possibile origine dell'universo o degli universi, in quanto non si vede quali esperimenti od osservazioni si possano immaginare per tentare di verificarle. Per quanto possiamo supporre, all'origine di tutto ci sono casuali, imprevedibili fluttuazioni di questa misteriosa entità che è l'energia, che quindi assume le funzioni di un dio creatore anche se a differenza di dio, l'energia è qualcosa di ben tangibile e misurabile. E da questa energia scaturirebbero anche esseri viventi come noi capaci di riflettere su se stessi e su tutto ciò che li circonda.

Siamo soli nell'universo?

Abbiamo cercato di capire *come* sia cominciato e *se* è cominciato il nostro universo; se l'universo che conosciamo è tutto ciò che esiste o solo uno fra tanti. Abbiamo capito cosa sono e come funzionano le stelle e ricostruito in maniera soddisfacente l'evoluzione dell'universo osservabile. Ma ci domandiamo ancora: come è iniziata la vita? E cosa si intende per vita?

Oggi, per quanto stupefacente possa sembrare, dalle osservazioni e i dati acquisiti dalla moderna astrofisica ci deriva l'evidenza scientifica che da una zuppa caotica di particelle elementari si sono originati i principali componenti dell'universo – l'idrogeno e l'elio – poi le stelle, costruttrici di tutti gli altri elementi, da cui i pianeti e infine gli esseri viventi. Non sappiamo perché «in principio c'erano coppie di particelle e antiparticelle elementari», non sappiamo se veramente siano il prodotto di un'enorme quantità di energia scaturita dal nulla, in un attimo infinitesimo di tempo, in omaggio al principio di indeterminazione. Ma sappiamo che sul nostro pianeta, probabilmente già tre miliardi e mezzo di anni fa, erano comparsi quei nostri lontani antenati che sono i batteri, organismi monocellulari, di dimensioni inferiori a 10 micron, i più antichi esseri viventi. Il loro materiale genetico non è avvolto da una membrana, come invece avviene per organismi più complessi. Si riproducono per scissione.

Ma cosa si intende precisamente per vita? Qual è il confine fra vita e non vita? Come possiamo definirla? I biologi la definiscono come la capacità di autoriprodursi, di evolvere, di subire mutazioni, di disporre di un grandissimo numero di informazioni, capacità di autoregolarsi per far fronte ai vincoli posti dall'ambiente.

Spesso si fa confusione fra batteri e virus, ambedue associati al diffondersi di malattie, ma dal senso comune non considerati come portatori di vita. Tra virus e batteri c'è una bella differenza. Il virus è un involucro di proteine attorno ad un nucleo di acido nucleico, ha dimensioni da qualche centesimo a qualche decimo di micron, ed è totalmente dipendente da cellule viventi per potersi riprodurre. Un virus è un organismo vivente? Certamente no, perché non è in grado di riprodursi se non è ospitato da una cellula vivente. Ma i batteri sì, e l'avventura della vita su questo pianeta è partita da loro.

Malgrado la straordinaria varietà di esseri viventi sulla Terra, dagli insetti ai pesci, agli uccelli, ai mammiferi, quali siamo noi, tutti discendiamo da questo antenato monocellulare che è stato chiamato LUCA (Last Universal Common Ancestor) e tutti siamo fatti di cellule simili, le quali a loro volta sono fatte delle stesse macromolecole, acidi nucleici e proteine, fra cui l'acido desossiribonucleico (DNA) che contiene tutte le informazioni necessarie che caratterizzano ogni singolo individuo.

I batteri fanno parte della grande famiglia dei procarioti, che sono appunto caratterizzati dal fatto che il loro materiale cellulare non è racchiuso in una membrana, a differenza degli eucarioti che hanno un'organizzazione cellulare complessa.

Un'importante scoperta sul mondo dei procarioti è stata fatta nel 1987 dal microbiologo Carl Woese, e cioè l'esistenza di due gruppi di procarioti e non uno solo; i già noti *Bacteria* e gli *Archaea* includenti abitanti fino ad allora sconosciuti, sia del suolo che degli oceani, adattatisi a vivere in ambienti quanto mai diversi e inospitali. Fra questi ci sono i metanogeni, che vivono in ambienti privi di ossigeno, trasformando idrogeno e anidride carbonica in metano e acqua, i termofili che sopportano temperature fino a 110 gradi centigradi, gli acidofili che vivono in ambienti di alta acidità, gli alofili che sopportano una grande salinità. Infine la NASA ha recentemente scoperto un batterio che si ciba di arsenico.

Questa gran varietà sulla Terra ci porta a pensare che anche la vita extraterrestre possa essere molto diversa da quella che conosciamo, e non solo al livello di batteri, ma forse anche di organismi molto più complessi.

Ma come ha avuto origine la vita sulla Terra? In realtà, ancora oggi nessuno può dirlo con certezza, si fanno solo alcune ipotesi «plausibili».

Fin dall'antichità l'uomo si è posto questa domanda, insieme all'altra: la vita esiste anche altrove, nell'universo? Molti antichi filosofi greci nel tentativo di rispondere a simili domande ebbero molte intuizioni che anticiparono le scoperte scientifiche del XIX e XX secolo. Talete di Mileto, vissuto fra il VII e VI secolo a.C. pensava che le stelle fossero fatte della stessa materia di cui è fatta la Terra, che l'elemento primordiale fosse l'acqua, e in essa si generassero spontaneamente gli organismi viventi. Il suo allievo Anassimandro sosteneva che il «primo principio» fosse qualcosa di immateriale, non percepibile e definibile, mentre Anassimene considerò l'aria elemento fondamentale, ed Eraclito il fuoco. Anassagora (496-428 a.C.) pensava che anche la Luna fosse abitata, e che i semi della vita fossero sparsi ovunque nell'universo, dando origine a tutti i viventi, piante e animali. Egli anticipava l'ipotesi della *panspermia*, proposta dal fisico-chimico svedese Svante August Arrhenius (1859-1927), che suggerisce la vita sia giunta dallo spazio sotto forma di microrganismi trasportati sulla Terra da micrometeoriti. Epicuro (341-270 a.C.) era convinto dell'esistenza di infiniti mondi, sia simili che diversi dalla Terra. Metrodoro di Lampsaco (331- 277 a.C.), discepolo di Epicuro, era straordinariamente moderno nelle sue conclusioni: «Considerare che la Terra sia il solo mondo abitato in uno spazio infinito è cosa tanto assurda quanto il ritenere che in un intero campo seminato a miglio germini un solo granello», un pensiero che avrebbe potuto essere espresso nell'identica maniera da un nostro contemporaneo 24 secoli dopo.

Dello stesso parere era Tito Lucrezio Caro, vissuto un secolo prima di Cristo, e l'eretico Giordano Bruno (1548-1600) che la Chiesa mandò al rogo il 16 febbraio 1600 a Roma in Campo de' Fiori.

Ancora mezzo secolo fa, quando nell'immediato dopoguerra gli UFO hanno cominciato ad occupare un posto crescente nell'immaginario collettivo, dilagando – mentre l'era spaziale muoveva i primi passi – nel cinema e nei fumetti, ed hanno sostituito i fantasmi ottocenteschi, la Chiesa non ha subito gradito l'idea che vi potessero essere altre civiltà aliene e alcuni teologi sostennero che in tal caso Cristo sarebbe dovuto andare su ognuno di questi pianeti e sacrificarsi per redimerli dal peccato originale. Va detto, a onor del vero, che questi argomenti assurdi sono stati presto abbandonati, e anzi alcuni astronomi della Specola Vaticana hanno fra i loro programmi la ricerca di pianeti extrasolari, orbitanti cioè attorno a stelle diverse dal Sole.

Tornando alle varie ipotesi sull'origine della vita sulla Terra, una delle più antiche e dure a morire è stata quella della generazione spontanea, sia da parte dei materialisti – i quali ritenevano che non ci fosse alcuna differenza fra materia inanimata e materia vivente, e quindi in particolari condizioni ambientali l'una poteva originare l'altra – sia da parte dei credenti, i quali ritenevano necessario un intervento divino per compiere il passaggio dalla materia inanimata a quella vivente. Una polemica che ricorda quella paradossalmente ancora vivace oggi fra evoluzionisti e creazionisti.

Comunque per molti secoli nessuno mise in dubbio l'ipotesi della creazione spontanea. Fra questi Cartesio (1596-1650) era convinto che piante, insetti, vermi, fossero generati spontaneamente da materiale putrefatto, sotto l'azione del Sole. Sempre nel Seicento, il medico fiammingo Jan Baptiste van Helmont (1579-1644) aveva fatto un esperimento consistente nel chiudere ermeticamente per alcuni giorni in un recipiente un indumento sporco di sudore insieme a dei chicchi di grano. All'apertura scapparono fuori dei topolini identici a quelli campagnoli, che evidentemente erano già nascosti nell'indumento e si erano nutriti del grano durante la «detenzione», ma che furono considerati la prova della generazione spontanea; conferme continue di questa idea le si avevano dall'osservazione che sempre intorno a cadaverini di piccoli animali, topi, gattini neonati, apparivano quasi subito eserciti di vermi, e che i mucchi di spazzatura brulicavano di insetti. Il medico italiano Francesco Redi (1626-1697) fece esperimenti per accertare se le larve di mosca si generino spontaneamente su pezzi di carne, e si accorse che coprendo la carne con della garza, su cui le mosche deponevano le uova, le larve non si sviluppavano, e concluse che gli insetti non si generano spontaneamente dalla carne putrefatta o dalla frutta marcia, ma solo dopo avervi deposto le uova.

Il colpo di grazia all'ipotesi della generazione spontanea lo dettero gli esperimenti di Louis Pasteur (1822-1895) che mostravano che un'infusione sterilizzata di materiale organico resta priva di vita, mentre esponendola all'aria la vita si sviluppa, grazie alla contaminazione da parte di microrganismi presenti nell'atmosfera.

Le ipotesi moderne sull'origine della vita

Fondamentalmente stiamo ancora rimasticando idee antiche di secoli, anche se con parecchie conoscenze in più sul nostro ambiente e sullo spazio interstellare. Due sono le famiglie di ipotesi: quelle basate sulla *panspermia*, la vita in qualche modo viene dallo spazio (ma nessuno sa dire come si sia formata nello spazio) e quelle basate su l'*abiogenesi*, la vita è prodotta dalla non vita, dalla materia inanimata (e quindi ancora una versione riveduta e corretta della generazione spontanea?)

Il medico Hermann Richter nel 1865 affermava che la vita doveva essere sempre esistita. In conseguenza della legge di conservazione della materia e dell'energia – nulla si crea e nulla si distrugge – riteneva che l'universo fosse eterno e anche che la vita fosse sempre esistita e si fosse propagata ovunque ininterrottamente, magari sotto forma di cellule, che sarebbero arrivate sulla Terra con i meteoriti. Ogni volta che uno di questi organismi cade su un pianeta in cui ci siano le condizioni adatte, la vita si svilupperebbe. Richter non spiega come queste cellule potrebbero sopravvivere alle temperature prodotte dall'attrito con l'atmosfera. Lo svedese Arrhenius nel 1908 riprende questa idea e immagina delle spore di dimensioni inferiori al decimo di micron che spinte dalla pressione della radiazione solare penetrerebbero nell'atmosfera veleggiando dolcemente verso il suolo. In questo caso ci si domanda come potrebbero resistere alla radiazione ultravioletta del Sole e delle altre stelle. L'astrofisico e cosmologo Fred Hoyle pensa che una sottile pellicola di carbonio sarebbe sufficiente per proteggere i microrganismi dalle radiazioni ultraviolette.

Tutte queste idee sulla vita venuta dallo spazio hanno trovato un sostegno nella scoperta di numerose molecole organiche nello spazio interstellare. In particolare si conoscono delle nubi giganti, la cui massa totale ammonta a qualche centinaio di migliaia di masse solari, composte di molecole di idrogeno e monossido di carbonio, oltre a molte altre molecole organiche più complesse, formate da più di 8 atomi.

TABELLA 2

Molecole interstellari e circumstellari. (Da W.M. Irvine, *Origins Life Evol. Biosphere*, 28 365-83, 1998, aggiornato nel giugno 1999.)

2 atomi	3 atomi	4 atomi	5 atomi	6 atomi	7 atomi	≤ 8 atomi
H_2	C_2H	C_2H_2	C_4H	C_2H_4*	C_6H	CH_3COOH
C_2	CH_2	1-C_3H	C_3H_2	H_2CCCC	HC_5N	$HCOOCH_3$
CH	HCN	c-C_3H	H_2CCC	CH_3OH	CH_2CHCN	CH_3C_3N
CH^+	HNC	NH_3	XCOOH	CH_3CN	CH_3C_2H	C_2H*
CN	HCO	HNCO	CH_2CO	CH_3NC	CH_3CHO	CH_3C_4H
CO	HCO^+	$HOCO^+$	HC_3N	CH_3SH	CH_3NH_2	CH_3OCH_3
CS	HOC^+	$HCNH^+$	CH_2CN	NH_2CHO	c-CH_2OCH_2	CH_3CH_2CN
OH	N_2H^+	HNCS	NH_2CN	C_5H		CH_3CH_2OH
NH	NH_2	C_3N	CH_2NH	HC_3OH		HC_7N
NO	H_2O	C_3O	CH_4	HC_3NH^+		CH_3C_4CN?
NS	HCS^+	H_2CS	SiH_4*	C_5N		CH_3COCH_3
SiC*	H_2S	C_3S	C_4Si*			HC_9N
SiO	OCS	HCCN	C_5*			C_8H
SiS	N_2O	H_3O^+	HCCNC			H_2C_6
SiN*	SO_2	H_2CN	HNCCC			$HC_{11}N$
SO	SiC_2*	H_2CO	HCO_2H*			$(C_2H_5)_2O$?
HCl	C_2S	c-SiC_3				
CP*	C_2O					
SO^+	C_3*					
NaCl*	MgNC*					
AlCl*	MgCN*					
KCl*	NaCN*					
AlF*	HNO					
PN	H_3^+					
CO^+						
SiH?						
HF?						

* Scoperte solo nelle atmosfere stellari.
? Scoperta dubbia.
c- e 1-: rispettivamente molecole cicliche e lineari.

La loro temperatura è molto bassa, circa – 263 gradi centigradi, e perciò emettono solo radiazioni a microonde, caratteristiche delle molecole di cui sono composte, e che si comportano come delle microscopiche radiotrasmittenti di onde millimetriche e centimetriche. Si stima che siano più numerose degli ammassi globulari, cioè di quelle grandi famiglie di stelle, circa un centinaio, che occupano uno spazio quasi sferico attorno alla Via lattea, quello che si chiama appunto «l'alone galattico». Tutti questi dati ci dimostrano che nello spazio c'è abbondanza di materia prima da cui potrebbero formarsi i batteri. Mescolate al gas ci sono le polveri, formate da granuli solidi di grafite e silicati, aventi diametri di qualche micron. Essi potrebbero ospitare dei batteri e proteggerli dalla radiazione ultravioletta delle stelle. Altri batteri potrebbero trovarsi anche nei «planetesimali», briciole solide del materiale che costituiva la «nebulosa proto planetaria» da cui si è formato il sistema solare circa 5 miliardi di anni fa. Alcuni di questi planetesimali potrebbero essere caduti sulla Terra ed essere intrappolati dall'atmosfera. Alcuni pensano che anche le comete abbiano svolto un ruolo importante nel seminare la Terra di batteri.

Anche se l'idea che la vita possa essere giunta dallo spazio non è stata completamente abbandonata, oggi sembra sia più accettabile l'ipotesi dell'*abiogenesi*, cioè che la vita possa essersi sviluppata naturalmente da molecole organiche, sulla Terra primordiale, grazie alle condizioni allora esistenti. Che la vita si sia potuta sviluppare da un «brodo primordiale», composto da atomi di carbonio, idrogeno, ossigeno, azoto, zolfo e fosforo presenti nell'acqua, fu avanzata per la prima volta dal biochimico russo Aleksandr Oparin nel 1924 e indipendentemente dallo scozzese John Scott Haldane nel 1928. Molecole organiche relativamente semplici si sarebbero potute formare nell'atmosfera terrestre primitiva e poi immerse nelle acque oceaniche avrebbero prodotto i componenti biogenetici. In realtà, l'idea originale era di Darwin, che in una lettera a un collega scriveva: «Se potessimo immaginare una piccola pozza calda con la presenza di ogni sorta di sali di ammonio e fosforo, di luce, calore, elettricità, ecc., si formerebbe chimicamente un composto proteico...»

Un tentativo di verificare questa idea è stato fatto nel 1953 da Stanley Miller. Egli espose per una settimana a scariche elettriche un miscuglio di metano, ammoniaca, idrogeno e acqua, riproducendo in laboratorio l'atmosfera primordiale sottoposta a una scarica di fulmini. Fra i composti formatisi identificò 4 dei 20 amminoacidi presenti nelle proteine. Dopo questo famoso esperimento furono prodotti 17 dei 20 amminoacidi attraverso la formazione di cianuro d'idrogeno e formaldeide. Se tutto questo è avvenuto in una provetta di laboratorio in qualche settimana, è possibile pensare che, avendo a disposizione gli oceani preistorici e centinaia di milioni di anni, si siano potute sviluppare anche le forme più elementari di vita. Comunque queste molecole organiche primordiali devono essersi formate quando l'atmosfera terrestre era ben diversa dall'attuale, ossia più povera di ossigeno. Infatti sia Spallanzani che Pasteur hanno dimostrato che la presenza di un'atmosfera contenente ossigeno libero non permetterebbe la formazione di grosse quantità di composti del carbonio, necessarie per avere un'evoluzione chimica verso organismi viventi. Perciò la vita deve essere apparsa prima che l'atmosfera si trasformasse da quella primitiva formata da vapor d'acqua, metano, ammoniaca e idrogeno (quest'ultimo troppo leggero per restare legato alla Terra dalla forza di gravità) in una di vapor d'acqua, azoto, anidride carbonica e monossido di carbonio e poi in quella ricca di ossigeno, e quindi prima di circa 2 miliardi di anni fa, in un lungo intervallo di tempo compreso fra 4,6 e 2 miliardi di anni fa. Il più antico fossile di quello che può essere ritenuto sia stato un batterio risale a tre miliardi e mezzo di anni fa, quindi le prime forme di vita sarebbero apparse un miliardo di anni dopo la formazione della Terra. L'atmosfera attuale si sarebbe poi formata anche grazie alla liberazione dell'ossigeno contenuto nel vapor d'acqua, il quale d'altra parte avrebbe contribuito a formare gli oceani. Acqua e ossigeno si pensa siano arrivati sulla Terra anche portati dalle comete.

C'è vita in altri pianeti del sistema solare?

Prima di chiederci se c'è vita nell'universo, cerchiamo di capire se ci può essere stata o se potrà esserci vita elementare nel nostro sistema solare.

Riteniamo possibile che su Marte ci possano essere state o forse ci siano ancora forme di vita elementare. Infatti la tenue atmosfera marziana, formata essenzialmente di anidride carbonica con tracce di azoto, argo, ossigeno e vapor d'acqua, crea un lieve effetto serra che mantiene la temperatura a valori sopportabili, anche se con forti escursioni termiche dal giorno alla notte.

Va ricordato che Marte ha un periodo di rotazione, e quindi una durata del giorno, quasi identico a quello terrestre, 24 ore 37 minuti, e un'inclinazione del piano dell'equatore sul piano dell'orbita (cioè la condizione che causa le stagioni) quasi uguale a quella terrestre, 25,19 gradi (23,5 per la Terra).

La temperatura media al livello del suolo è di – 40 gradi centigradi, ma d'estate all'equatore la temperatura da mezzogiorno alla notte passa da + 20 a – 80 gradi centigradi. Inoltre ai poli è ormai accertata la presenza di acqua ghiacciata, ed è probabile che nel sottosuolo ci sia acqua allo stato liquido. Tutto ciò rende molto probabile che nel lontano passato ci sia stata abbondanza di acqua, come suggeriscono l'esistenza di letti di grandi fiumi e strutture geologiche che ricordano le tracce lasciate dalle onde del mare sulla sabbia.

Nel 1984 in Antartide fu trovato un meteorite – ALH 84001 – di origine marziana, in cui è contenuta una microscopica struttura diversa da tutte le altre, che potrebbe essere un fossile di batterio, anche se la maggioranza dei biologi ha forti dubbi in proposito. Ma come è possibile stabilire che il meteorite è di origine marziana? Dalla composizione isotopica dell'ossigeno e altre inclusioni gassose trovate simili a quelle misurate dalle sonde Viking. ALH 84001 non è l'unico meteorite proveniente da Marte. In base alla loro composizione chimica si può stabilire che ce ne siano alcuni aventi la stessa origine. Probabilmente l'impatto di un grosso meteorite ha scaraventato nello spazio dei frammenti del suolo marziano e questi sono entrati in orbita attorno al Sole e poi a causa delle perturbazioni da parte dei pianeti, alcuni di essi sono finiti sulla Terra.

Anche se abbiamo l'evidenza terrestre della capacità dei batteri di vivere in condizioni molto diverse da quelle in cui siamo abituati a trovare esseri viventi, è difficile pensare che ce ne possano essere su Mercurio, dove per la completa assenza di atmosfera la temperatura all'equatore raggiunge i 430 gradi centigradi e ai poli i 135 sotto zero. Però ricercatori del Propulsion Laboratory di Pasadena in California hanno scoperto, grazie a osservazioni radar, che i poli di Mercurio riflettono le onde radio inviate da terra con un'intensità simile a quella che ci si potrebbe aspettare se fossero coperti di ghiaccio. Ma come spiegare la presenza di acqua in assenza di atmosfera? Ghiacci perenni formatisi qualche miliardo di anni fa, prima che una tenue atmosfera se ne fuggisse nello spazio interplanetario? E in tal caso, sotto i ghiacci potrebbero esserci dei batteri, simili a quelli trovati sotto i ghiacci dell'Antartide? Forse un giorno qualche robot sarà in grado di portarci un campione del ghiaccio (o presunto ghiaccio) di Mercurio, che orbita attorno al Sole a una distanza media di quasi 4/10 di quella della Terra.

Venere a prima vista sembra un pianeta molto più ospitale. Poco più piccolo della Terra, orbita attorno al Sole a una distanza circa 7/10 di quella della Terra. Se avesse un'atmosfera come quella terrestre, sarebbe un piacevole luogo di villeggiatura per miliardari. Invece è perennemente avvolta da una coltre di nubi la quale ha prodotto un effetto serra tale che la temperatura al suolo ha raggiunto i 480 gradi centigradi e la pressione 95 atmosfere. È un deserto bollente, immerso nella semioscurità, un vero e proprio inferno, dove è difficile pensare che possa esserci qualche microscopico organismo vivente, a meno che non si sia adattato a vivere nell'alta atmosfera dove la temperatura scende a circa – 30 gradi centigradi, cibandosi di anidride carbonica.

Dopo i pianeti terrestri – Mercurio, Venere, Terra e Marte, così detti perché hanno tutti densità medie comprese fra 5,6 e 3,9 volte la densità dell'acqua, indicante la loro natura di pianeti rocciosi – incontriamo i pianeti giganti – Giove, Saturno, Urano e Nettuno – con densità medie comprese fra 1,6 (Nettuno) e 0,69 (Saturno) volte la densità dell'acqua, il che indica che sono in gran parte gassosi e liquidi. Sono detti giganti per le loro dimensioni, confrontate con quelle della Terra: 318 volte la massa della Terra per Giove, 95 per Saturno, 14,5 e 17 rispettivamente per Urano e Nettuno. Sono tutti ricchi di metano e forse potrebbero piacere ai batteri metanogeni. In realtà, più che sui pianeti, si pensa alla possibilità di batteri su alcuni dei loro numerosi satelliti. I quattro maggiori satelliti di Giove – i pianeti medicei scoperti da Galileo, Io, Europa, Callisto e Ganimede – hanno dimensioni paragonabili a Mercurio, ma densità più basse, comprese fra 3,57 per Io, il più vicino a Giove, che è anche l'unico corpo del sistema solare, oltre la Terra, ad avere vulcani attivi, e 1,86 per il più lontano, Ganimede. Numerose immagini sono state prese dalle sonde, in particolare dalla sonda della NASA Galileo. Lanciata il 18 ottobre 1989, è entrata in orbita attorno a Giove il 7 dicembre 1995: destinata a studiare il ricco sistema di satelliti gioviani, ha mostrato dettagli della superficie di Europa che suggeriscono la presenza di un oceano di acqua liquida su cui galleggerebbero degli iceberg mobili. La densità del satellite (2,97 volte la densità dell'acqua) fa ritenere che sotto l'oceano ci sia un nucleo centrale roccioso. L'acqua resterebbe allo stato liquido grazie al calore prodotto dalla forte attrazione mareale di Giove.

Anche i dintorni di Saturno sono stati esplorati in dettaglio dalla sonda Cassini della NASA che trasportava in groppa la sonda Huygens dell'ESA. Partita il 15 ottobre 1997 è entrata in orbita attorno a Saturno il primo luglio 2004 e il 25 dicembre ha sganciato la sonda Huygens inviandola a esplorare il maggior satellite di Saturno, Titano, nella cui atmosfera è scesa il 4 gennaio 2005, frenata da alcuni paracadute. L'interesse per Titano è grande perché è l'unico satellite del sistema solare ad avere una densa atmosfera ricca di molecole organiche. Huygens ha inviato a Terra numerose immagini, paesaggi a noi familiari, tanto che uno scienziato presente in una delle stazioni a Terra dell'ESA esclamò: «Sembra di vedere una campagna inglese, bagnata da una pioggia recente». Infatti il terreno appariva bagnato come se fosse piovuto da poco e si vedevano fiumi in cui scorreva un liquido, che non poteva essere acqua perché la temperatura è di –180 gradi centigradi e probabilmente fiumi e pioggia sono di metano liquido. Anche qui potrebbero trovarsi batteri metanogeni, e forse un giorno non troppo lontano un robot ritornerà laggiù e ci riporterà dei campioni del suolo.

Pianeti extrasolari

Probabilmente soltanto i pianeti del nostro sistema solare potranno essere esplorati da astronauti o da robot in grado di riportare sulla Terra campioni del suolo. Questo è già avvenuto nel caso della Luna, alcuni robot stanno esplorando da anni il pianeta Marte, e non è lontano il giorno che alcuni astronauti ci metteranno finalmente piede; Titano è il corpo più lontano su cui è scesa una sonda. Ma se la luce impiega circa 5 ore per raggiungerci dalla periferia del sistema solare dove orbita Plutone, e molti altri asteroidi di dimensioni paragonabili a quelle di Plutone, il suo viaggio dalla stella più vicina, Proxima Centauri fino a noi richiede più di 4 anni. Ciò significa che è almeno 7000 volte più lontana. La maggioranza delle stelle si trova a distanze ancora maggiori, da qualche decina di anni luce fino a più di 100.000 anni luce, limitandosi a considerare le stelle appartenenti alla nostra galassia, la Via lattea. L'unico ragionevole tentativo che possiamo fare per stimare quale sia la probabilità dell'esistenza di esseri viventi nell'universo, consiste nel cercare di capire se i pianeti extrasolari, orbitanti cioè attorno a stelle diverse dal Sole, siano un fenomeno diffuso nell'universo oppure molto raro.

Ma perché cercare soltanto i pianeti? Perché essi so-

ricerca pianeti extrasolari (400)

no i soli luoghi in cui possa nascere la vita. Le stelle sono troppo calde, il mezzo interstellare troppo rarefatto. Quindi se non vogliamo fare pura fantascienza occorre cercare luoghi in cui forme di vita non troppo diverse dalla nostra, possano esistere. Si potrebbe ricordare che un famoso astrofisico e cosmologo, Fred Hoyle, che si divertiva anche a scrivere racconti di fantascienza, aveva immaginato una «nuvola nera», una nube interstellare dotata di intelligenza, che si nutriva della luce delle stelle. La nuvola stava muovendosi verso il Sole per nutrirsi della sua luce e lo avrebbe presto oscurato causando severe ere glaciali e forse la scomparsa della vita sulla Terra.

Un recente e appassionante campo di osservazione è dunque quello della ricerca dei pianeti extrasolari. La difficoltà di osservarli direttamente sta nel fatto che la loro distanza dal loro sole è sempre molto più piccola della distanza del sistema da noi. Supponiamo per esempio di voler osservare un pianeta orbitante a una distanza dal suo sole paragonabile a quella che ha Plutone dal Sole, circa 8 milioni di km in un sistema planetario distante 10 anni luce, pari a circa centomila miliardi di km. Noi vedremmo il pianeta a una distanza angolare $8\ 10^6 / 10^{14} = 8\ 10^{-8}$ radianti, pari a 0,016 secondi d'arco, un angolo al limite delle possibilità di misura, soprattutto da Terra, a causa della turbolenza atmosferica.

E questa sarebbe una condizione particolarmente favorevole: pianeta molto lontano dalla stella e stella molto vicina a noi. Perciò la quasi totalità dei pianeti extrasolari trovati finora – più di 400 – la si è scoperta con metodi indiretti, tranne una o due eccezioni. Il primo pianeta alieno fu scoperto nel 1995 da due astronomi svizzeri: Michel Mayor e Didier Queloz dell'osservatorio di Ginevra.

Per metodo indiretto si intende l'osservazione di una qualche perturbazione che il pianeta provoca alla stella e ci permette di dedurne la presenza.

Il metodo indiretto più proficuo, che ha portato alla scoperta della quasi totalità dei pianeti, è quello delle velocità radiali. Come la stella attrae il pianeta obbligandolo a orbitargli attorno, così anche il pianeta perturba leggermente il moto della stella. Quello che si misura è la velocità della stella rispetto al Sole, utilizzando l'effetto Doppler, e cioè misurando gli spostamenti delle righe spettrali rispetto alla loro posizione di riposo rispetto all'osservatore. Tutte le stelle relativamente vicine al Sole orbitano anch'esse, come il Sole, attorno al centro della Via lattea, percorrendo una intera rivoluzione in tempi dell'ordine di 250 milioni di anni a una velocità di circa 200 km/sec. La velocità relativa delle stelle vicine rispetto al Sole è di circa 10 o 20 km/sec ed è costante perché sole e stelle si muovono sulle loro orbite come treni su binari paralleli. Alcune di queste stelle presentano però delle regolari oscillazioni di qualche metro al secondo rispetto al valore medio. Ciò indica la presenza di un corpo che ne disturba gravitazionalmente il moto. Dall'ampiezza dell'oscillazione si può ricavare la massa del corpo disturbante e dalla periodicità delle oscillazioni si ricava il periodo di rivoluzione.

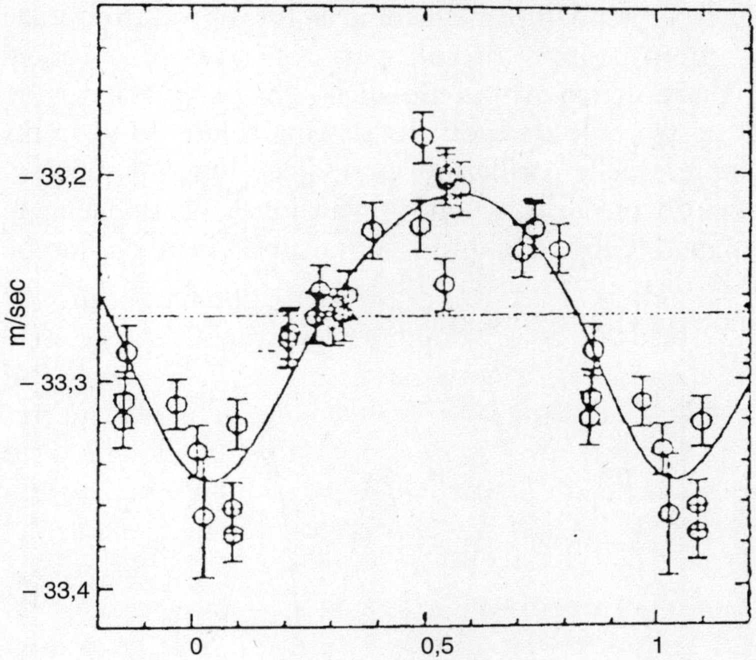

Figura 17. Il primo pianeta extrasolare scoperto da Major e Queloz, orbitante attorno alla stella 51 Pegasi, e individuato grazie alle perturbazioni gravitazionali apportate al moto della stella.

Se la massa è più piccola di un decimo di quella solare siamo certi che si tratta di un pianeta e non di un compagno stellare. La stragrande maggioranza dei pianeti scoperti con questo metodo ha masse paragonabili o maggiori di quella di Giove e periodi di rivoluzione di pochi giorni o al massimo pochi mesi e quindi orbitanti molto vicino alla loro stella, più vicino di quanto orbiti Mercurio attorno al Sole. Questo non significa che le Terre scarseggino, bensì che il metodo rende possibile scoprire soltanto pianeti grossi. Un pianeta come la Terra produrrebbe degli effetti troppo piccoli per poter essere osservati.

Un ipotetico astronomo alieno che osservasse il moto del nostro Sole da fuori del sistema solare, lo vedrebbe compiere delle oscillazioni periodiche lungo il suo cammino, dovute all'attrazione gravitazionale dei due maggiori pianeti, Giove e Saturno, soprattutto Giove col suo periodo di rivoluzione di 11,86 anni. Tutti gli altri pianeti hanno un effetto trascurabile.

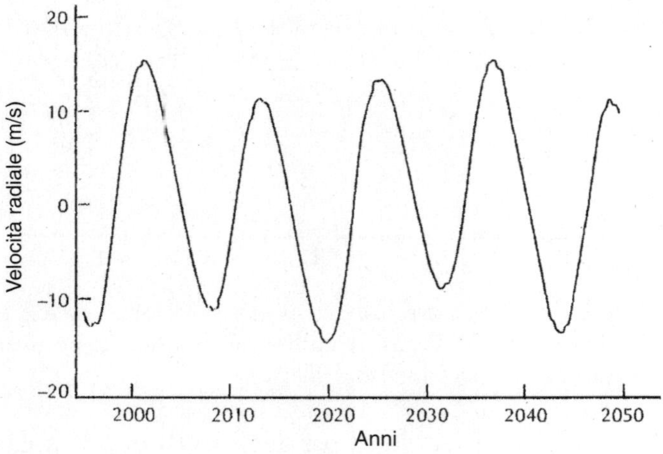

Figura 17 b. Un astronomo alieno al di fuori del sistema solare che osservasse il Sole lo vedrebbe oscillare attorno a una posizione intermedia con un'ampiezza di circa 25 metri al secondo e periodo di circa 12 anni, a causa dell'attrazione gravitazionale di Giove e Saturno.

Un altro metodo usato per rintracciare pianeti extrasolari consiste nell'osservare la diminuzione di luce della stella causata dal transito del pianeta. Un fenomeno identico a quello che osserviamo come risultato del transito di Mercurio o di Venere davanti al Sole.

Ma perché si verifichi il transito occorre che la nostra visuale giaccia quasi esattamente sul piano dell'orbita del pianeta, il che si verifica abbastanza raramente. Però la sensibilità dei nostri strumenti permette di rivelare anche diminuzioni di luce inferiori al centomillesimo della luce totale. La periodicità con cui si verifica la diminuzione di luce ci dà il periodo di rivoluzione. Associando a queste misure fotometriche anche misure della velocità radiale si possono ottenere valori molto precisi della massa. Con questo metodo sono stati scoperti un centinaio di pianeti extrasolari, ma il numero va crescendo grazie alle misure automatiche da parte di due satelliti ottimizzati proprio per questa ricerca. Sono il francese COROT lanciato alla fine del 2006 e KEPLER della NASA, lanciato nel marzo 2009. Ambedue hanno già scoperto una ventina di nuovi pianeti.

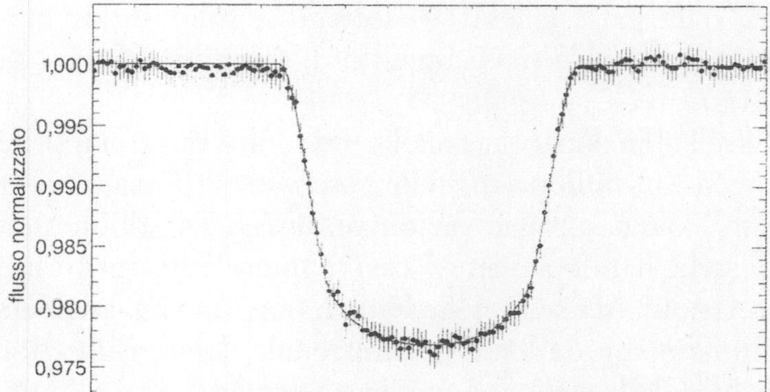

Figura 18. Il primo pianeta scoperto dal satellite Corot col metodo dei transiti. La diminuzione della luce stellare è di poco più di due centesimi della luce totale posta eguale ad uno. In ascisse per fase zero si intende l'istante centrale del transito. (Da: «Le Stelle», luglio 2007, pag. 31.)

Un terzo metodo è frutto della teoria della relatività generale. Abbiamo già accennato che anche la luce è soggetta alla gravitazione e questa proprietà permette di stimare la quantità di materia oscura contenuta in una galassia che agisce come lente gravitazionale: difatti in mancanza della materia oscura sarebbe difficile spiegare tutte le caratteristiche delle immagini virtuali che essa forma di una galassia retrostante. Ma non solo le galassie o gli ammassi di galassie possono funzionare da lenti gravitazionali. Anche una singola stella che venga casualmente a trovarsi perfettamente allineata con una stella più lontana e con l'osservatore potrà funzionare da lente gravitazionale e facendone convergere i raggi produrrebbe un notevole aumento di splendore della stella più lontana. Poiché stella lontana, stella lente (o meglio microlente, per distinguerla dalle galassie lenti) e osservatore sono tutti in moto l'uno rispetto all'altro l'aumento di splendore durerà pochi giorni.

Simili allineamenti casuali sono molto rari e si è stimato che su un milione di stelle osservate si possano verificare in 5 o 6 casi. Osservazioni automatizzate di un milione di stelle hanno trovato 5 casi di microlenti, verificando le previsioni. Ma se la stella lente ha un pianeta, anch'esso può funzionare da lente gravitazionale. L'intensificazione della luce della stella lontana in questo caso sarà minore e di più breve durata. Perciò potremo parlare del pianeta come di micro-microlente. Anche questo metodo ha portato alla scoperta di qualche altro pianeta. Sebbene la probabilità di successo sia bassa, questo metodo permette di scoprire pianeti anche molto lontani da noi.

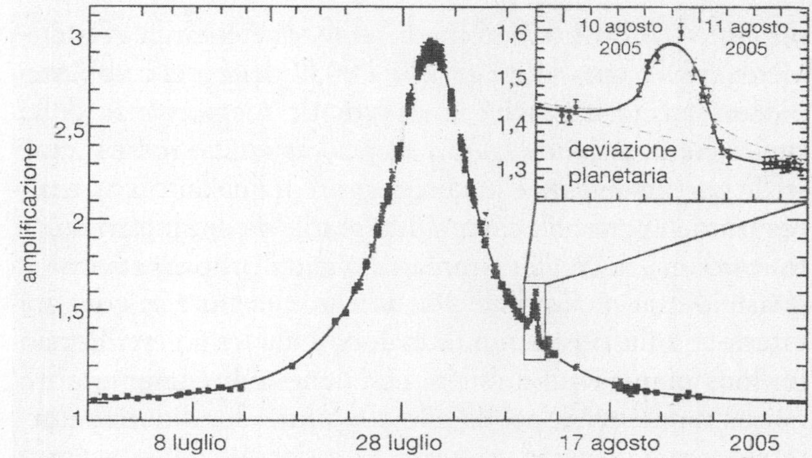

Figura 19. Scoperta di un pianeta extrasolare grazie al metodo delle microlenti gravitazionali. La luce della stella lontana è amplificata di un fattore 3 dalla microlente e tutto l'evento dura dal 13 luglio al 17 agosto. Nella fase finale, al 10 agosto si nota un lieve aumento di luminosità, di durata inferiore a un giorno causato dal pianeta micro-microlente. (Da: «Le Stelle», luglio 2007, p. 19.)

Per aumentare le probabilità di successo si osservano stelle nel cui sfondo c'è il centro della galassia, oppure un ammasso globulare. Dato l'ammassarsi di tante stelle nello sfondo, cresce la probabilità di azzeccare gli allineamenti e osservare aumenti di splendore causati dalla microlente e poi anche dalla eventuale micro-microlente.

Malgrado le piccole Terre siano difficili da scoprire, si può stimare che ce ne siano miliardi e miliardi sparse nella nostra Via lattea e nelle centinaia di miliardi di galassie che popolano l'universo. Joshua Eisner e collaboratori, dell'Università di California a Berkeley, responsabili del progetto CARMA (Combined Array for Research in Millimeter Astronomy) stimano che l'80% delle stelle abbiano pianeti rocciosi. Poiché la stragrande maggioranza delle stelle che popolano la Via lattea sono «nane rosse», cioè stelle con una massa circa un decimo di quella solare, temperatura superficiale circa 3000 gradi, da cui il loro colore rossastro, si va alla ricerca di pianeti proprio attorno a queste deboli stelle che emettono luce e calore in quantità inferiore a un centesimo della luce e calore solare. Perciò un loro pianeta «abitabile», ossia che abbia temperature tali da mantenere l'acqua allo stato liquido, dovrebbe orbitare a una distanza inferiore a un decimo della distanza Terra-Sole. Il debole splendore di queste stelle – da 100 a 10.000 volte minore del Sole – rende difficile l'osservazione. D'altra parte il loro grande numero e il notevole disturbo gravitazionale del pianeta al moto della stella favoriscono la scoperta di pianeti analoghi alla nostra Terra.

I più ottimisti dei cacciatori di pianeti alieni ritengono che ce ne siano molte di queste Terre anche nei dintorni del Sole. Alla fine del 2010 erano state scoperte una ventina di «super Terre», cioè pianeti rocciosi con masse comprese fra 2 e 10 volte la massa della Terra, ma il loro numero è destinato a crescere rapidamente.

In base a tutti questi risultati e stime statistiche, come è possibile pensare di essere i soli esseri viventi nell'universo, ma anche nella sola Via lattea? Inoltre sappiamo che il Sole è una stella relativamente giovane, 5 miliardi di anni, mentre siamo certi che la grande maggioranza delle stelle galattiche è molto più vecchia, circa 10 miliardi di anni. È possibilissimo che sui loro pianeti la vita si sia sviluppata molto prima che sulla Terra e abbia raggiunto forme di conoscenza molto più avanzate delle nostre. L'universalità delle leggi fisiche fa pensare che anche le leggi biologiche a parità di condizioni ambientali siano le stesse.

Questo non significa che gli UFO arrivino e partano dalla Terra come fossero aerei di linea. O che noi potremo un giorno lasciare una Terra che la nostra attività avrà reso inospitale per trasferirci in massa su un altro pianeta. Le enormi distanze che ci separano anche dalle stelle più vicine e l'insuperabile limite della velocità della luce ci fanno ritenere che difficilmente potremo uscire dal sistema solare, che ogni civiltà planetaria è destinata a restare vincolata al proprio minuscolo habitat.

Molti si sgomentano davanti alle enormi distanze nel tempo e nello spazio di questo forse infinito universo, molti pensano che la nostra specie sia minuscola e insignificante di fronte all'universo. Eppure, quando mi capita di osservare quel bello spettacolo della natura che è un cielo stellato, mi meraviglio pensando come semplicemente analizzando la luce di quei deboli puntini luminosi che sono le stelle, semplicemente osservando i moti di quei puntini sulla volta celeste, da questo granello di sabbia che è la nostra Terra di fronte all'universo, nel giro di poche migliaia di anni, la nostra mente sia stata capace di comprendere, secolo dopo secolo, l'immensità dell'universo e i meccanismi che lo governano, e di come in questi ultimi due secoli, le leggi della fisica sperimentate nei laboratori sulla Terra, ci hanno rivelato non solo l'intima natura delle stelle, i misteri della loro formazione e fine, ma ci hanno anche permesso di ricostruire l'evoluzione dell'universo come un tutto a partire da quasi 14 miliardi di anni fa ad oggi.

Ma di certo, l'enigma più grande e straordinario, ancora più che l'universo, è la nostra mente, di cui ancora sappiamo tanto poco, molto meno di quello che essa ha capito dell'universo.

Un primo grande passo verso questa comprensione è certamente la teoria dell'evoluzione darwiniana, per usare le parole di Darwin «sulla origine delle specie per selezione naturale, ovvero conservazione delle razze perfezionate nella lotta per l'esistenza». È solo il primo passo. Come siamo arrivati alla coscienza di noi, alla curiosità di capire il mondo, di rispondere a domande non necessariamente legate ai bisogni della sopravvivenza. Rispondere a queste domande è il sogno delle moderne neuroscienze, che negli ultimi 20-30 anni hanno compiuto progressi prodigiosi. Esse studiano un universo racchiuso nel nostro cervello che per complessità non ha nulla da invidiare allo spazio intergalattico. Lo studiano attraverso indizi indiretti: come i cosmologi si servono delle variazioni dello spettro, e delle distorsioni gravitazionali della luce per dedurne distanze e movimenti delle stelle, così si cerca di capire il cervello attraverso le mappe dei flussi sanguigni e delle scariche neuronali che si propagano da un lobo all'altro, per ricostruire come viaggia l'informazione, chi controlla cosa, dov'è la sede della regia di tante funzioni integrate. In poche parole, perché il nostro cervello ha capacità tanto superiori rispetto a quelle di animali evoluti come i mammiferi, che tanto ci somigliano per quanto riguarda la sfera degli istinti, la sfera dei sentimenti, degli affetti, delle gelosie, delle paure, dei rapporti gerarchici in una comunità. Cosa ha in più la nostra mente rispetto alla loro e perché.

Un po' di fantascienza

Più che di alta probabilità oggi potremmo parlare quasi di certezza che esistano altre civiltà avanzate nell'universo. Perciò il progetto SETI (Search for ExtraTerrestrial Intelligence), che quando fu proposto nel 1964 faceva sorridere un po' ironicamente le persone «serie», oggi va certamente continuato e incrementato, malgrado la bassa probabilità di riuscita.

L'idea è stata di due fisici, l'italiano Giuseppe Cocconi e l'americano Philip Morrison che la esposero in un articolo apparso su «Nature» il 19 settembre 1959. Si trattava di dirigere i radiotelescopi verso stelle relativamente vicine e aventi caratteristiche tali da permettere che sui loro eventuali pianeti si fosse potuta sviluppare una civiltà tecnologicamente avanzata, capace cioè di mandare e ricevere segnali radio chiaramente artificiali, come ad esempio una specie di segnali Morse, facilmente distinguibili dai rumori – simili a quelli di una radio, quando si alza troppo il volume – che stelle, nebulose e galassie emettono naturalmente. Si sarebbero dovute scegliere stelle di tipo simile al Sole, meglio se più deboli, perché hanno una «vita di una decina di miliardi di anni o molto di più nel caso delle nane rosse. Infatti l'uomo è comparso sulla Terra dopo circa 3 miliardi di anni dalla sua formazione, ma la civiltà tecnologica ha poco più di un secolo. Stelle più grosse e brillanti del Sole hanno «vite» troppo brevi per ospitare civiltà avanzate sui loro pianeti.

Inoltre la lunghezza d'onda su cui sintonizzare i ricevitori doveva essere preferibilmente quella a 21 cm perché gli atomi dell'idrogeno interstellare, che è il più abbondante componente del rarefatto mezzo interstellare, sono delle microscopiche radiotrasmittenti sintonizzate a questa lunghezza d'onda. Una civiltà che abbia conoscenze astronomiche paragonabili o superiori alle nostre osserverebbe il cielo preferibilmente a questa lunghezza d'onda, e quindi la sceglierebbe anche per le trasmissioni spaziali perché aumenterebbe la probabilità di essere ricevuta come di ricevere segnali alieni. Inoltre la radiazione di 21 cm ha un altro vantaggio: a lunghezze d'onda minori, di qualche cm o mm prevarrebbe il rumore causato dalla nostra atmosfera, mentre a lunghezze d'onda metriche o decametriche prevarrebbe il rumore dovuto alle emissioni della nostra e delle altre galassie.

Il radioastronomo Frank Drake che lavorava presso il radioosservatorio nazionale degli Stati Uniti situato in una isolata località, Green Bank in West Virginia, raccolse il suggerimento dei due fisici e iniziò le osservazioni col radiotelescopio di 25 metri di diametro, appena entrato in funzione. Il programma inizialmente fu chiamato OZMA dal nome di un personaggio del fantastico paese di Oz, da un racconto per bambini che nei paesi anglosassoni è famoso come *Pinocchio* da noi.

Il programma di osservazioni prosegue ancora, utilizzando tutti i maggiori radiotelescopi e con la collaborazione di molti radioamatori. Nessun segnale alieno è stato captato finora, ma ciò non deve meravigliare. A parte la scarsa probabilità che molti altri popoli alieni abbiano le stesse conoscenze e le stesse curiosità che abbiamo noi di sapere se siamo soli nell'universo, il maggior problema consiste nella cosiddetta «finestra temporale». Se in passato fossero arrivati dei segnali, anche solo cento anni fa, non avevamo la tecnologia per riceverli, sebbene la nostra civiltà pre-tecnologica abbia più di 3000 anni.

Quando l'astronoma inglese Jocelyn Bell scoprì la prima pulsar il 6 agosto 1967, e fu data notizia di uno strano segnale, costituito da una serie di brevissimi impulsi provenienti ogni 1,3 secondi sempre dalla stessa posizione in cielo, giornali, radio e televisioni cominciarono a parlare di segnali alieni. Ce ne volle per convincere la gente che non si trattava degli «omini verdi» ma di stelle superdense – le stelle di neutroni – nocciolo centrale rimasto dopo l'esplosione di una supernova.

Dopo la prima pulsar se ne sono scoperte molte altre, fra cui una al centro della nebulosa del Granchio, il resto della supernova esplosa nel 1054, a conferma della teoria che prevedeva la formazione di un nocciolo superdenso, tanto che protoni ed elettroni sarebbero per così dire incollati insieme a formare neutroni stabili, sotto la tremenda pressione esercitata dal collasso della stella morente prima dell'esplosione.

Nei libri di fantascienza ricorre il tema della colonizzazione della Galassia, il che vuol dire lanciare nello spazio astronavi che sarebbero veri e propri villaggi, pezzetti di Terra viaggianti su distanze di centinaia e migliaia di anni luce. Ebbene ora la NASA ha inaugurato il progetto di un programma chiamato «Hundred Year Starship» un'astronave su cui generazioni e generazioni di esseri umani dovrebbero viaggiare verso pianeti alieni. Per rendersi conto delle immani difficoltà di questi progetti basta pensare che la sonda Pioneer 10 lanciata nel 1972 superò l'orbita di Nettuno nel 1983 ed ora è diretta verso Aldebaran una delle stelle più brillanti e più vicine, appena 69 anni luce dove arriverà fra due milioni di anni. Eppure sembra la NASA lo consideri una cosa seria. D'altra parte l'ONU ha recentemente istituito una commissione per studiare come accogliere eventuali visitatori alieni! Forse sia gli scienziati della NASA che i diplomatici delle Nazioni Unite guardano troppa televisione. Ma non basta. Sono sempre più coloro che credono davvero che un giorno non troppo lontano, quando avremo reso completamente invivibile la Terra, sia per l'inquinamento che per l'esaurimento delle risorse, come acqua o petrolio, e distruzione delle foreste, ci potremo trasferire in massa – 7 o 8 miliardi di terrestri – su Marte, dove dovremmo vivere sotto cupole trasparenti alla luce del Sole e dove ricreare un'atmosfera respirabile, far crescere piante e animali.

Tornando, è il caso di dirlo, con i piedi per terra, su Marte potremo stabilire colonie di scienziati per tempi brevi; difficilmente potremo raggiungere o essere raggiunti da abitanti di un altro sistema solare. Il pianeta di tipo terrestre più vicino, con temperature tali da mantenere l'acqua allo stato liquido, si trova a soli 20 anni luce da noi. Ma la velocità della luce rappresenta un limite insuperabile. Se anche riuscissimo un giorno a viaggiare a un decimo della velocità della luce, un po' più di 100 milioni di km all'ora impiegheremmo 200 anni.

È preferibile impiegare denaro e tecnologia per mantenere la Terra in buona salute e i diplomatici dell'ONU per mantenere la pace fra i popoli della Terra.

CONCLUSIONI. L'IPOTESI DIO

Quando si racconta la storia dell'universo, di come passo passo dall'antichità a oggi si sono andate accumulando le osservazioni e le conoscenze delle leggi fisiche che governano il nostro corpo, la Terra, l'Universo, una domanda ricorrente da parte degli ascoltatori è: scienza e fede, la spiegazione scientifica e religiosa sono inconciliabili?

Ebbene, la scienza si basa sulle osservazioni e sugli esperimenti, da cui cerca di trarre le leggi generali che spiegano come funziona il mondo, dal micro-cosmo al macro-cosmo. Il progresso della scienza vuol dire spiegare meglio quello che si conosce già e scoprire leggi di fenomeni nuovi. La scienza sviscera la cause piccole e grandi di quello che *c'è*, non il *perché* c'è. Non spiega, né potrà mai spiegare perché c'è l'universo, perché c'è la vita.

Ed è qui che subentra la fede, per alcuni. Quei *perché*, per i credenti, trovano una risposta nell'ipotesi che esista un creatore, un'entità superiore non ben definita, Dio, e ogni religione attribuisce a questo dio proprietà diverse, interazioni più o meno strette con il suo creato, detta una serie di norme che riflettono ovviamente le idee, e le ossessioni della classe che si è autonominata intermediaria fra la divinità e gli uomini, la casta dei sacerdoti. Ogni società – dagli antichi egizi ai romani, dai maya all'islam, al nostro occidente cristiano – ha espresso la sua «casta», che a sua volta influenza mentalità, usi e costumi di popoli e generazioni. L'ossessione più ricorrente in quasi tutte le religioni è il sesso, a volte divinizzato, ma più spesso demonizzato fino ad arrivare a pratiche tremende come le mutilazioni sessuali femminili. Un esempio di questa sessuofobia è il dogma cattolico della verginità della Madonna. Ma molte sono anche le regole di vita imposte dalle gerarchie, come il non mangiar carne di venerdì, o il rispettare i giorni festivi, il barbaro modo di uccidere per dissanguamento gli animali da macello e infinite altre. Comune a quasi tutte le religioni è il sentirsi depositarie della Verità e per questa combattere le altre, visto che non possono «dimostrare» alle altre la propria superiorità nello spiegare il mondo. Ne deriva che quelle forme di «sapere» che dovrebbero affratellare i viventi sono state e sono ancora oggi la causa di guerre infinite.

Chi non accetta la fede, e quindi non accetta la «mediazione» col mistero della vita da parte di nessuna casta, ritiene che il credere in Dio sia un modo infantile di spiegare tutto ciò a cui la scienza non è in grado di dare risposte, e nasca dal bisogno di avere un sostegno, una guida, qualcuno che ci spieghi qual è il senso dell'esistenza. A riprova dell'infantilismo del credente si ricorda che il «divino» nella vita degli uomini si è andato via via attenuando con l'aumentare della conoscenza, col progredire della scienza e della comprensione dei fenomeni.

Ma tanto il credente che il non credente non possono dimostrare scientificamente l'esistenza o la non esistenza di Dio, si tratta in ambedue i casi di fede, di risposta a bisogni personali diversi.

In questo senso scienza e fede possono benissimo convivere. Lo scienziato credente adotterà il metodo scientifico per le sue ricerche e attribuirà la capacità del cervello umano di decifrare l'universo a questa misteriosa entità chiamata Dio, ispiratore della ragione e anche causa ultima del mondo. Il non credente, dal canto suo, prenderà atto del fatto che la materia nelle sue forme più elementari abbia la capacità di aggregarsi a formare atomi e molecole, stelle e pianeti, ed esseri viventi. L'uno crede nella materia e nelle sue forze intrinseche, senza altri fini, l'altro crede che quelle forze intrinseche della materia obbediscano a una volontà e a un Bene superiore. Le due ipotesi sono perfettamente equivalenti, anche se diametralmente opposte. Ateo e credente possono anche dialogare, a patto che ambedue siano «laici», nel senso che rispettano le credenze o le fedi dell'altro senza volere imporre le proprie.

La distanza dei due approcci, emerge in tutta la sua forza quando ci si confronta sui temi affrontati in questo libro: la nascita della vita e dell'universo. A riprova dell'esistenza di Dio i credenti obiettano che è impossibile che da una zuppa di particelle elementari, quale quella che ha dato origine all'universo, si sia sviluppato tutto ciò che vediamo, osserviamo, inclusi noi stessi. Ci vuole una scintilla, un atto di volontà che anima la materia. E d'altronde, un Creatore deve sempre precedere il Creato.

Bene, a conclusione di questo libro, per quanto riguarda la vita dell'universo (di quella biologica parlerò subito dopo) vorrei riassumere le mie considerazioni. Mi domando, allora: è più sorprendente immaginare un Dio babbo amorevole che si preoccupa di ciascuna delle sue creature, o un Dio padre severo che punisce o premia, o un Dio che crea per il piacere di creare ma poi si disinteressa completamente delle sue creature, o un Dio che è allo stesso tempo padre e madre, come scrisse Papa Luciani (suscitando scandalo e ironie varie in una società in cui il maschilismo è ancora ben radicato), oppure immaginare che una materia eterna abbia la naturale proprietà di originare dalle particelle elementari tutto ciò che esiste?

Di certo è più gratificante e rassicurante per la nostra coscienza il «racconto» di una creazione che acquista senso perché inserita in un disegno superiore, piuttosto che un immenso «organismo» nato forse da imprevedibili fluttuazioni quantistiche nel vuoto: dall'energia alla vita, alla mente che si interroga sulla vita. Un simile scenario è molto meno rassicurante, richiede più «coraggio» della ragione. Ma è meno affascinante?

Dunque non posso che ripetere: le due «ipotesi» sono equidistanti ed equivalenti, e rivelano l'impossibilità di rispondere in maniera esauriente e condivisa al perché c'è la vita, l'universo e non il nulla.

Tuttavia, se vogliamo almeno razionalizzare un po' la questione, potremmo dividere le domande a cui non sappiamo dare una risposta in due grandi categorie: quelle che resteranno sempre senza risposta, per cui non ha senso chiedersi il perché ma solo accettare come un dato di fatto la realtà in cui viviamo, prendendo atto che è così, e quelle che sembrano oggi domande a cui è impossibile rispondere perché ci sono ostacoli fisici che sembrano insormontabili ma che non si può escludere un giorno possano essere superati.

Alla prima categoria appunto appartiene il perché c'è l'universo e non il nulla. L'universo è infinito nel tempo e nello spazio, o ha avuto un inizio, ha dei confini? E cosa c'era prima e cosa c'è fuori dell'universo, se ha senso parlare di prima e di fuori. E più in dettaglio, perché la materia ha le caratteristiche che ha, una struttura quantizzata, fatta di particelle e non una struttura continua, lo stesso per la radiazione, formata da quanti d'energia e non una struttura continua. Abbiamo capito come è strutturata la materia e la radiazione, abbiamo capito che sono equivalenti, che $E = mc^2$ come scoperto da Einstein, ma non sappiamo perché. Perché la velocità della luce è un limite insuperabile, perché a quella velocità una massa diventa infinita, perché spazio e tempo non sono grandezze assolute ma dipendono dalla velocità dell'oggetto o dell'istante da misurare, perché c'è la forza di gravità che modella il cosmo, perché il tempo procede in una sola direzione a differenza dello spazio, malgrado la stretta associazione nello spazio-tempo, e così via. Abbiamo capito *come* funziona l'universo, *come* funzionano la materia e l'energia, proprietà universali, ma non sappiamo *perché* funzionano in questo modo e non in un altro.

Alla seconda categoria appartengono invece domande come: cos'è la materia oscura e l'energia oscura? C'è stata davvero l'inflazione? Potremo viaggiare da un sistema solare all'altro magari ibernandoci? Riusciremo a mandare e ricevere segnali radio e immagini ad altri pianeti e scoprire altre civiltà? Per quanto oggi sembri fantascienza, non si può escludere che il progresso tecnologico potrà un giorno rendere possibile tutto ciò. Quando ciò accadrà, probabilmente non sapremo spiegare, come oggi, chi, cosa e perché ha posto le condizioni che hanno dato origine al Big Bang e a tutto il nostro cosmo, ma conosceremo sicuramente meglio il «metabolismo» dell'universo e anche della vita. Ciò aumenterà la nostra *hybris*? Il fatto di padroneggiare le leve della vita ci spingerà a sostituirci ad essa?

Questa domanda mi porta alle considerazioni finali che avevo accennato, cioè quelle sulla vita biologica. Se oggi la Chiesa non interviene più sulle ricerche delle scienze abiologiche, come astronomia, fisica e chimica, invasioni di campo che hanno avuto esiti storicamente nefasti, quando si tratta di scienze biologiche, che cioè hanno a che fare con la vita, le ingerenze sono pesanti. Ad esempio la legge 40 sulla fecondazione assistita, che fra le altre assurdità vieta la sperimentazione con le cellule staminali embrionali, perché gli embrioni avrebbero l'anima, è stata scritta sotto pesanti interferenze della Chiesa, la quale poi ha messo in campo tutte le sue forze perché non si raggiungesse il quorum nelle votazioni per il referendum volto ad abolirla tutta o in parte. Non è questa la sede per discussioni filosofico-teologiche sulla natura dell'anima, su come potremmo definirla. Dico, per inciso, che per me è il software che fa funzionare l'hardware costituito dal nostro cervello, per il credente è il soffio divino. Ci potremmo limitare a questo, nell'ottica dell'equivalenza delle posizioni fra scienza e fede di cui ho parlato sopra. Se ciò non avviene, è perché siamo in una fase storica in cui, dopo aver perso il confronto con la scienza sulle forme e natura del Cosmo, la Chiesa è impegnata in uno scontro sulle forme e natura della vita, baluardo che non vuol cedere, ma che, come nel caso dell'astronomia, sarà superato dalla Storia.

Recentemente il papa ha accusato gli scienziati di essere avidi e arroganti e di volersi sostituire a Dio. Questa accusa di arroganza tradisce l'ingenua convinzione che si possano mettere degli argini alla corrente del pensiero indagatore, un mare di tante menti – di diversi Paesi, culture e religioni – che dilaga in ogni ansa dove c'è qualcosa da scoprire. E allora perché non dovremmo indagare sulla vita e cercare di capirne i meccanismi più profondi così come li ha congegnati, se vogliamo, Dio? È recente la notizia che è stato possibile, proprio grazie alle cellule staminali embrionali, fabbricare pelle, sangue, cornee e addirittura un organo come l'intestino. I ricercatori prevedono che sarà possibile costruire altri organi, con cui sostituire quelli malati. Mi si permetta un'osservazione provocatoria: Dio dovrebbe essere contento che i suoi figli, fatti a sua immagine e somiglianza, si avvicinano sempre più ai segreti della sua Creazione.

Non potranno mai esserci limiti alla conoscenza, perché non si potrà mai limitare la curiosità della mente. E solo quando riusciremo a creare esseri viventi potremo dire di aver capito veramente che cos'è la vita.

BIBLIOGRAFIA ESSENZIALE

Giorgio Abetti, *Storia dell'astronomia*, Vallecchi, 1963.

Amedeo Balbi, *La musica del Big Bang*, Collana Le stelle e Springer 2007.

Iris Fry, *L'origine della vita sulla terra*, Garzanti, 2002.

Galileo Galilei, *Sidereus Nuncius*, ristampa anastatica con traduzione e commento di Paolo Bussotti. Da copia originale della Biblioteca Labronica.

George Gamow, *Biography of physics*, Harper, 1961.

Margherita Hack, *Vi racconto l'astronomia*, Laterza, 2002.

– *Dove nascono le stelle*, Sperling & Kupfer, 2005.

– *L'universo nel terzo millennio*, BUR, 2007.

Michael Hoskin, (a cura di), *Storia dell'astronomia di Cambridge*, BUR, 2001.

Andrew Liddle e Jon Loveday, *Oxford Companion to Cosmology*, Oxford University Press, 2008.

Lucrezio, *De rerum natura*, Mondadori, 1949.

John North, *Astronomy and Cosmology*, Fontana Press, 1994.

Stampato nell'aprile 2011
per conto di Baldini Castoldi Dalai *editore* S.p.A.
da Ebner & Spiegel GmbH
nello stabilimento di Ulm – Germania

678-9
2011